KB268928

하룻밤에 끝내는
면접의 키포인트
55
이근면 지음
위즈덤하우스

'아르바이트, 공모전, 봉사활동, 인턴, 자격증'

대한민국 청년 구직자들이 기본적으로 갖춰야 할 취업 5종 세트다. 과거에는 이런 스펙을 쌓으면 기업에 자신의 경쟁력을 어필할 수 있었지만 지금은 이것만으로도 취업을 확신할 수 없게 되었다. 취업포털 잡코리아의 조사에 따르면 실무 경력을 쌓고 면접 준비에 충실했던 사람들이 취업에 성공하는 것으로 나타났다고 한다. 반면 취업에 실패한 구직자들은 토익이나 학점 등 '스펙'에만 올인하는 경향이 뚜렷했다는 것이다.

그렇다면 왜 이런 변화가 생긴 것일까? 학점이 좋다고 해서 일을 잘하는 것이 아니고, 토익점수가 높다고 해서 외국인과 유창한 대화를 나누는 것이 아니다. 또한 공모전에 입상했다고 해서 탁월한 실무능력을 보장할 수 있는 것도 아니고, 인턴십 과정을 거쳤다고 해서 꼭 조직생활에 잘 적응하는 것이 아니라는 사실을 회사도 알아챘기 때문이다. 이제는 스펙보다도 지원자의 창의성, 도덕성, 조직 융화력, 실행력 등이 더 중요한 요소로 부각되고 있다. 이것은 이력서나 자기소개서, 자격증만으로는 판단할 수 없다. 따라서 여러 기업들이 그룹토론, 프레젠테이션, 영어 면접 등 다양한 면접 방식을 통해 지원자들을 평가하고 있다. 수치화된 외적 조건보다 지원자의 폭넓은 경험과 지식의 깊이, 실질적인 외국어 능력을 가려내는 과정인 셈이다.

이처럼 실질적인 자질을 보고 인재를 고르겠다는 기업이 늘어나면서 면접의 중요성이 더 커졌지만 지원자들은 여전히 '스펙'을 갖추는 데 열중할 뿐 면접을 치밀하게 준비하지 않는다. 심지어는 그날의 운에 맡긴다. 운이 좋으면 붙고 운이 나쁘면 떨어지는 거라고 생각해 버린다. 물론 운칠기삼運七氣三이란 말도 있듯이 운도 무시하지 못하지만 그 운을 붙잡는 것은 끈질긴 노력과 땀이다. 철저한 준비만이 갈수록 치열하고 험난한 인생의 면접시험을 뚫고 나가는 길이다.

여기서 철저한 준비란 면접 전날이나 당일에 신경 써야 하는 일만을 가리키는 것이 아니다. 면접을 위해 점검해야 할 기본 사항이나 이미지 메이킹에 앞서 훨씬 더 근본적인 문제, 즉 자기성찰을 통해 자신의 꿈과 성향, 직무적성 등을 분석하는 작업이 선

행돼야 한다. 또한 기업들이 원하는 인재상과 변화된 채용 프로세스를 명확히 파악한 후 자신의 모습을 되돌아보고 부족한 부분을 중점적으로 보완해야 한다.

필자는 30여 년 간 삼성그룹의 인사전문가로 활동하면서 만난 수많은 지원자들이 면접에서 평소 자신 있던 말조차 쉽게 하지 못하거나 사소한 실수를 저지르고 쉽게 포기하는 모습을 안타깝게 지켜봤다. 그리고 그들이 면접에서 실패하는 다양한 요인을 분석해 본 결과 역지사지易地思之의 접근이 부족했다는 것을 알게 되었다. 즉 면접관이 원하는 인재상에 부합하는 준비를 제대로 하지 못했던 것이다.

인사담당자의 입장에서 면접의 키포인트를 제시해 주는 이 책을 집필하기로 마음먹은 것도 바로 이런 이유다. 입사 지원자들이 단시간에 면접의 맥을 잡을 수 있도록 이 책에서는 핵심적인 내용들을 간결하게 정리하고, 면접에서 실수하거나 놓칠 수 있는 부분 등을 꼼꼼하게 짚어주고자 했다. 그리고 이미 취업에 성공한 선배들의 경험담을 담고 있어 입사 지원자들로서는 자신이 처한 입장에 따라 면접 준비를 어떻게 달리해야 할지도 다시금 생각해 볼 수 있다. 특히 면접을 위해 알아야 할 모든 정보와 노하우를 망라하기보다는 실제로 써먹을 수 있는 면접의 핵심 포인트를 가려내어 한번만 읽어도 머릿속에 쏙쏙 들어올 수 있도록 쉽게 설명했다.

취업을 앞두고 면접 준비를 어떻게 시작해야 할지 막막한 사람들에게, 그리고 무조건 면접 요령만 익히려고 했다가 취업의 실패를 여러 차례 경험한 사람들에게 이 책은 가장 필요한 것이 무엇인지 알려주고 성공 면접의 지름길로 안내해 준다. 면접 공부를 계획한 첫날부터 면접 당일까지 취업 준비생들에게 동반자 역할을 톡톡히 할 것이다.

면접이란 하루 전날 공부한다고 완벽하게 끝낼 수 있는 것은 아니다. 그러나 이 책을 통해 면접 전날 적어도 다시 한 번 알고 있어야 할 키포인트를 짚어본다면 실제 면접에서 두려움을 없애고 자신의 열정과 자신감을 보여줄 수 있다.

자신에게 맞는 직장을 찾을 때에는 상당한 시간과 노력을 쏟아야 하지만 거기에는 그만한 가치가 충분히 있다. 이것을 마음에 새기고 취업을 앞둔 젊은이들이 면접을 통과하여 새로운 인생을 시작하도록 이 책이 조금이나마 도움이 되기를 바란다.

이근면

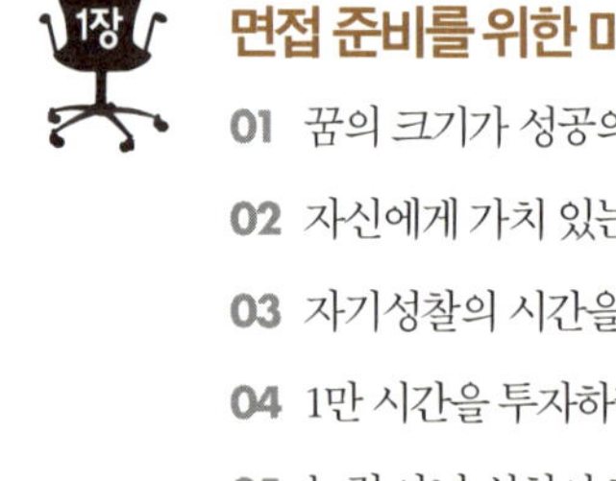

## 1장 면접 준비를 위한 마인드 셋

## 2장 면접관이 원하는 인재는 1%가 다르다

## 3장  면접, 디테일로 무장하라

## 4장 면접은 능력이 아니라 테크닉이다

## 면접의 성공은 정보력이 결정한다

꿈의 크기가 성공의 크기를 결정한다 | 자신에게 가치 있는 일을 찾아라 | 자기성찰의 시간을 가져라 | 1만 시간을 투자하라 | 능력 아닌 실천이 프로를 만든다 | 직무적성을 먼저 고려하라 | 지금 여기에 기회가 있다 | 기본으로 돌아가라 | 준비하는 독종이 성공한다 | 습관이 창조성의 힘이다 | 성공의 절반은 노력이 만든다

# 01
# 꿈의 크기가
# 성공의 크기를 결정한다

잘하고, 좋아하고, 가치 있는 일을 찾아라.
• 워런 버핏 •

어린 시절엔 "커서 뭐가 되고 싶니? 꿈이 뭐니?"
라고 어른들이 물으면 "대장이 되고 싶어요", "대통령이 될 거예
요", "전 변호사요" 라고 자신있게 대답하곤 한다.

성장하면서 그 꿈들은 빛 바래고 현실과 적당히 타협하게 되
어 대학을 졸업할 무렵이면 취업하느라 이리저리 뛰어다니기 바
쁘다. 그러다 쉽게 지쳐버려서 간절히 원하던 곳의 취업은 포기
한 채 직장에만 다닐 수 있다면 무슨 일이든 다 하겠다는 마음을
먹게 된다. 왜냐하면 경제적으로 자립을 해야 하기 때문이다.

일하지 않는 자는 먹지도 말라고 했다. 나이가 들어도 여전히
부모에게 의지하는 캥거루족이 늘고 있지만, 성인이 된다는 것

은 스스로 생계를 책임질 수 있어야 함을 뜻한다. 자립하려면 직업이 있어야 한다. 먹고사는 문제를 해결하는 것이 바로 직업의 1차적인 의미이기 때문이다.

생리적 욕구physiological needs, 안전의 욕구safety needs, 애정과 소속의 욕구love and belongingness needs, 자기존중의 욕구self-esteem needs, 자아실현의 욕구self-actualization needs라는 매슬로의 5단계 욕구이론을 굳이 거론하지 않더라도 지금 시대에 직업의 의미는 먹고사는 문제를 넘어 자아실현이 기본 욕구가 되었다. 따라서 직업을 선택할 때는 신중해야 한다. 단지 먹고살기 위해 하기 싫은 일을 억지로 하는 사람과 자신의 꿈, 자기완성을 위해 좋아하고 즐길 수 있는 일을 하는 사람은 성과에서도 큰 차이가 난다.

취업 준비 단계에서 가장 먼저 해야 할 일은 자기 일생의 청사진을 그려보는 것이다. 진정으로 어떤 삶을 살기 원하는지, 어떤 사람이 되기를 원하는지, 꿈이 무엇인지, 자기 적성에 맞는 직업은 무엇인지 등 근본적인 것부터 따져봐야 한다. 그 다음에 입사하고 싶은 회사를 정하고 그 회사가 원하는 인재상에 걸맞은 사람이 되도록 노력해야 한다.

고등학생 때는 명문대 입학이, 대학을 졸업해서는 대기업 취업만이 목표인 사람은 자기 인생에 대한 만족도가 낮을 수밖에 없다. 취업을 하기 전에 자기성찰의 시간을 갖고 자신이 진정으로 원하는 것을 찾아봐야 한다.

이제 '평생직업'은 대세가 아니라 필수다. 빛 바래고 현실과 타협해 버린 어릴 때의 '그 꿈'이 인생의 질을 결정한다. 그러나 아직 늦지 않았다. 꿈을 꾸기에 늦은 나이란 없다.

"저의 매력이요? 꿈을 꾼다. 그리고 겁 없이 그 꿈에 도전한다." 이렇게 박진영이 말하던 어떤 광고처럼 꿈을 꾸고 그 꿈을 이루기 위해 노력하라. 꿈은 직업을 확고하게 만들어주는 동시에 자신의 삶도 빛내준다.

# 02 자신에게 가치 있는 일을 찾아라



이런 우스갯소리가 있다.

**면접장에서**

**구직자** 급여는 한 달에 한 400만 원 정도는 받았으면 좋겠고요, 근무시간은 오전 9시부터 오후 5시까지. 야근은 질색이에요. 휴가는 1년에 10일… 아니 15일… 그리고 주차공간은 꼭 필요하고… 참 회사에 룰루는 있죠?"

**면접관** 다음!

사람은 누구나 연봉이 많고 일 적게 하고 빨리 퇴근하는 편한 직장을 원한다. 하지만 눈 씻고 찾아봐도 이런 곳은 거의 없다. '신의 직장'이라고 불리는 곳이라면 가능할지 모르지만, 그것도 어느 정도 승진한 다음의 일일 것이다. 신입사원에게는 어디나 만만치 않은 게 직장생활이다. 어디 신입사원들뿐이랴.

세계적인 초일류기업 CEO라도 "10년, 15년 후 무엇으로 먹고 살 것인가?"를 끊임없이 고민한다. 진대제 정보통신부 전 장관은 "10년, 15년 뒤에 우리나라 국민이 먹고살 거리를 정부에 와서 만들어보면 어떻겠느냐?"는 노무현 대통령의 말에, 1주일만 더 지나면 지금 가치로 300억 원에 이르는 스톡옵션도 포기했다.

많은 기업인들이 새로운 가치와 일자리를 만들기 위해 노력한다. 혼자만 잘 먹고 잘 살겠다는 사람이 이끄는 기업은 장수하지 못한다. 그 어떤 가치를 위해 자신을 희생할 줄 아는 사람만이 크게 성공한다.

필자가 애송하는 함민복 시인의 '긍정적인 밥'이란 시가 있다.

* * *

시집 한 권에 삼천 원이면

든 공에 비해 헐하다 싶다가도

국밥이 한 그릇인데

내 시집이 국밥 한 그릇만큼

사람들 가슴을 따뜻하게 덮어줄 수 있을까

생각하면 아직 멀기만 하네

* * *

시만 써서는 먹고살기 힘든 현실 속에서 시인은, 노력에 비해 받는 대가가 너무 적다는 생각을 하다가도 자신의 시가 '사람들의 가슴을 따뜻하게' 해줄 만큼 그 값어치를 하는지 철저하게 자기반성을 한다. 자신의 업무에 대해 이런 마음가짐으로 임하는 것, 바로 이것이 보이지 않는 책임을 다하는 사람의 모습이다.

제약회사 머크의 한 연구원은 자메이카 소수 인종에만 나타나는 유전병을 연구하다가 마침내 '프로스카'라는 전립선 비대증 치료제를 개발했다. 이로써 수많은 남성들의 고민을 해결해주고 엄청난 돈을 벌어들였다. 이 연구원은 순수하게 인류 사회에 공헌하고자 연구에 몰두했고 그 결과 부가적으로 돈이 따라온 것이다.

부를 축적하게 된 수많은 사람들의 조언이 바로 이것이다. 어떤 목표를 향해 열정과 집념으로 최선을 다한다면 부는 저절로 따라오게 되어 있다.

"국가가 여러분을 위해 무엇을 해줄 것인가를 묻기 전에 여러분이 국가를 위해 무엇을 할 것인가를 물으라."

미국의 35대 대통령인 존 F.케네디가 취임연설에서 한 말을 새겨들을 필요가 있다.

스스로에게 물어보라. 내 인생의 목표는 무엇인가? 어떤 직업을 선택하고 무엇을 위해 일할 것인가? 어디에 내 열정과 집념을 쏟을 것인가? 내 인생 전제를 통틀어 무엇에 올인할 것인가?

SUCCESS STORY

# 절대긍정이 합격을 부른다

**강성호**(가명, 광운대학교 전자공학과)

나는 이른바 '스펙'은 별로 좋지 않았다. 서울 중위권 공대의 3점 초반의 학점과 800점의 토익점수. 하지만 누구보다 화려한 필살기가 있었다. 바로 대학교 1학년 때부터 졸업할 때까지 다양한 아르바이트로 익힌 사회경험이었다. 학업과 아르바이트를 병행하며 등록금을 마련해 온 그런 성실함은 나의 가장 큰 무기였다.

일단은 서류전형을 통과하는 것이 문제였다. 아무리 능력 있는 사람이라도 면접까지 갈 수 있어야 내가 가진 능력을 보여 줄 수 있는 기회를 얻게 되는 게 아닌가. 그래서 서류전형을 통과하기 위한 스펙 만들기에 돌입했다. 4개월 정도 꾸준히 공부해서 토익 점수를 올리고 오피스 활용능력을 키우기 위해 국제공인 자격증인 MOSMicrosoft Office Specialist를 취득했다. 또 학교 취업지원센터에서 자기소개서 쓰는 법이나 면접에 관한 정보를 얻고 꾸준히 채용정보를 접했다.

　그렇게 해서 서류전형을 통과하는 영광을 얻게 됐지만 쉴 시간은 없었다. 곧바로 면접 준비에 돌입해야 했기 때문이다. 면접을 준비할 때, 나는 먼저 회사에 대한 정보를 얻으려고 노력했다. 회사 홈페이지와 포털 사이트, 다양한 종류의 신문을 검색해 회사의 최근 소식이나 이슈 등을 파악했다. 더불어 내가 지원한 직무 분야(카메라모듈)와 관련된 지식을 쌓으려고 노력했다. 이미지센서인 CMOS와 CCD, 카메라모듈의 전반적인 구조와 같은 전공 분야를 책과 인터넷 검색을 통해 준비했다. 그리고 내가 면접관이라면 어떤 질문을 할까 고민하면서 예상 질문과 답변을 정리했다. 이것은 예상 답변을 무조건 암기하려는 것이 아니라, 내 자신을 한 번 더 돌아보고 좀더 준비된 상태에서 면접에 임하기 위해서였다.

　그리고 마침내 내가 원하는 회사에 입사할 수 있었다. 이 과정에서 "긍정적인 생각이 긍정적인 결과를 가져온다"는 사실을 절실히 느꼈다. 입사에 성공하기 전까지 몇 번의 면접 기회가 있었지만, 나는 그때마다 '실수하면 어떡하지?', '어려운 질문이 나오면 어떡하지?'와 같은 부정적인 생각을 하면서 면접에 임하곤 했다. 그래서인지 결과는 항상 좋지 않았다. 하지만 합격한 채용전형에서는 '합격한다', '할 수 있다'는 생각으로 임했고, 그 결과 합격의 기쁨을 누릴 수 있었다. 면접에서 아쉬웠던 점은, 면접관에게 나의 '자신감'과 '신뢰감'을 충분히 보여주고 싶었는데 그러지 못했다는 것이다. 그때를 되돌아보면 더 확실하게 준비했어야 하지 않았나 싶다.



● **취업 준비하는 후배들을 위한 조언**

상투적인 말처럼 들릴지 모르지만 '긍정적 생각'과 '자신감'이라는 이 두 단어를 마음속에 새기라고 말해주고 싶다. 그 두 가지 태도를 머리로 이해하는 데 그치지 말고 내 마음 속에서 우러나오도록 해야 한다. 사실 나도 매사에 좀 부정적이고 자신감이 없는 편이었지만 서류전형에서 면접에 이르기까지 항상 머릿속에 담아 두었던 것이 바로 '난 합격할 수 있다'는 긍정적 생각과 믿음이었다. 다른 사람이 믿어주기 전에 먼저 나 자신이 스스로에 대해 그러한 믿음을 가지고 있어야 한다. 스스로를 믿고 격려하라. 그리하면 원하는 바를 이룰 수 있을 것이다.

# 03
# 자기성찰의 시간을 가져라

자기반성과 성찰은 인간으로서 보여줄 수 있는
가장 순수하고도 아름다운 모습이다.
• 작자 미상 •

100만 실업자 시대, 백수가 넘쳐나고 일자리는 없
다고 아우성이다. 구직자들은 취업난이라고들 하지만, 기업은 기
업대로 인재난을 겪고 있다. 쓸 만한 인재가 많지 않기 때문이다.

좋은 인재를 얻기 위해 기업의 임원들은 거미줄망을 동원해
인재가 있는 곳이라면 해외도 마다 않고 달려간다. 제갈량 같은
인재가 있다면 삼고초려뿐 아니라 그 가족에게도 정성을 쏟는 것
이다.

필자가 한번은 중국인 현지 마케팅 책임자 영입을 맡게 된 적
이 있었다. 파격적인 조건을 제시하며 온갖 노력을 기울였지만
좀처럼 그 사람의 마음을 움직이기가 쉽지 않았다. 그래서 추석

명절 때 제사도 지내지 않고 그 사람을 만나기 위해 무작정 미국까지 쫓아가기도 했다. 그 사람의 부인이 출산 후 산후조리를 위해 미국으로 갔다는 정보를 입수했기 때문이다. 아쉽게도 그 사람이 오지 않아 부인만 만나고 왔는데, 꼬박 1박 3일이 걸렸다.

또다른 경우도 있었다. 영입하려는 인재가 한국에 들어와서 일하기 힘들다고 거절했을 때, 그 사람 부인을 회사로 초빙해 근무환경과 살 곳을 미리 보여주고 설득했던 것이다. 결국 그 부인의 도움으로 영입에 성공할 수 있었다.

이처럼 실력이 있는 사람에게는 기업이 먼저 손을 내민다. 그러므로 구직자들은 우선 자신을 돌아보고 자신이 누구인지, 자신이 과연 그럴 만한 존재인지 고민해야 할 것이다.

어떤 기업이든 새로운 사업이나 새로운 제품으로 시장을 개척할 때 철저한 자기분석과 치밀한 사전조사를 거친다. 무슨 일을 하든 이것은 기본이다. 취업을 원하는 사람들도 먼저 자신을 분석하고, 지원하려는 회사나 업무에 대해 사전소사를 치밀하게 해야 한다.

자신의 강점Strength은 무엇인지, 또 약점Weakness은 무엇인지 먼저 깊이 생각해 보고, 지금의 구직 환경은 어떤지, 그것이 내게 어떤 기회Opportunity가 될 것인지, 또는 어떤 위협Threat적인 요소가 될 것인지 분석해야 한다. 이것을 마케팅 용어로 SWOT분석이라고 한다. 이를 토대로 강점은 살리고 약점은 죽이고, 기회는 활

용하고 위협은 억제하는 전략을 수립하는 것이다.

지금 당장 한 장의 종이를 준비하고 자화상을 그려보라. 내가 보는 내가 나일까? 이제 타인의 시각으로 자신을 냉정하고 객관적으로 기술해 보자. 남이 보는 내가 나일까? 자신의 모습을 자세히 들여다보라. 나 자신을 돌아보고 성찰하는 일, 직업을 구하기 전에 반드시 해야 한다. 명심하라.

# 04
# 1만 시간을 투자하라



사람들은 모차르트를 타고난 천재라고 단언한다. 하지만 아무런 노력도 기울이지 않고 뭔가를 뚝딱 만들어내는 초능력을 가진 사람은 없다. 모차르트에게 큰 행운이라면 작곡가이자 바이올리니스트였고 아들의 재능을 알아보고 일찍부터 혹독한 훈련을 시킨 아버지가 있었던 것.

《아웃라이어》의 저자 말콤 글래드웰은 1만 시간의 법칙을 말한다. 자기 분야에서 1만 시간을 투자해야 성공할 수 있다는 것이다. 1만 시간은 하루 3시간씩 10년이고, 하루 10시간씩 투자하면 3년이다. 빌 게이츠가 고등학생 때 밤새 컴퓨터에 매달렸던 시간은 약 1만 시간이고, 비틀스는 무명 시절 바에서 하루 8시간씩 3년간 연주하며 실력을 쌓았다.

골프 황제 타이거 우즈는 연습벌레로 불린다. 코치나 캐디들이 이구동성으로 "타이거 우즈만큼 연습을 많이 하는 선수를 본적이 없다"고 말한다.

김연아는 하나의 점프 기술을 익히기 위해 최소 3,000번의 엉덩방아를 찧었고, 세계 정상의 발레리나 강수진은 하루 19시간, 1년에 1,000여 컬레의 토슈즈가 닳도록 노력했다고 한다.

정상인보다 쉽게 피로를 느끼고 장거리 보행이 어려워 군 입대도 면제된다는 평발을 가진 박지성. 그 발로 어떻게 공을 차냐고 축구 관계자들은 다들 놀란다고 하는데, 박지성은 아랑곳없이 90분 동안 지칠 줄 모르고 그라운드를 뛰어다니며 최고의 축구 선수로 승승장구하고 있다.

타고난 재능이 없는 것이 아니라 집념이 부족한 것이다. 환경이나 재능 없음을 탓하지 말고 자신의 노력이, 열정이 부족하지 않은지 되돌아보길 바란다. 물론 앞서 말했듯이 모차르트나 타이거 우즈, 김연아 등은 그들의 노력만큼이나 부모의 희생도 뒷받침 되었다. 부모에게 자식은 최고의 보배다. 그들을 위해 인생의 조연을 마다하지 않는 부모가 있기 때문에 주연으로 우뚝 서는 자식이 있는 것이다.

자신을 받쳐줄 부모가 없는 사람도 좌절할 필요는 없다. 일본에서 '경영의 신'이라 불리는 마쓰시타 고노스케는 가난하고, 건

강하지 못하고  학벌이 없었던 덕분에 누구보다 겸손하게 노력했
고, 그 결과 성공할 수 있었다고 한다.

일찍 부모를 여의고 어렸을 때부터 봉제공장에서 보조로 일을
했던 권세종씨는 불굴의 의지로 자신이 정말 들어가고 싶었던 삼
성SDS에 입사할 수 있었다고 한다. 정식 학력이라곤 초졸이었던
그가 삼성에 입성할 수 있었던 것은 5년간 정신없이 컴퓨터에 미
쳤던 덕분이다.

타고난 환경, 타고난 재능을 따지지 말고, 자신의 인생을 전부
걸 수 있는 목표를 설정하라. 그리고 거기에 1만 시간을 투자하
라. 이제 천재가 될 일만 남았다!

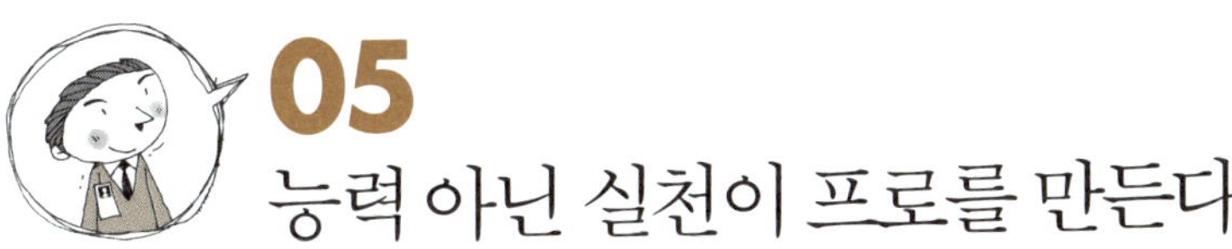

# 05
# 능력 아닌 실천이 프로를 만든다

골프채 하나를 만드는 데도 최고를 추구하는
장인정신이 명품을 낳는다. 이는 골프채에 그치지 않고
사업을 포함한 모든 인간활동에 해당한다.
• 이병철 •

일본의 한큐철도 설립자인 고바야시 이치고는
"신발을 정리하는 일을 맡았다면 신발 정리를 세계에서 가장 잘
할 수 있는 사람이 되라. 그러면 누구도 당신을 신발 정리만 하는
심부름꾼으로 놔두지 않을 것이다. 궂은일이라도 그일에 통달하
면 그때부터는 궂은일만 하는 머슴의 세계가 아니라 창공을 훨훨
날아다니는 도사의 세계가 열린다"라고 말했다.

아무리 하찮은 일이라도 맡은 분야에서 최고가 돼야 한다는
뜻이다. 이처럼 한 가지 일에 목숨을 걸고 그 분야에서 최고를 이
루려고 하는 것, 이것이 '평생직업' 시대를 살아가는 사람의 자
세다. 이런 장인정신은 삼성의 기업정신과 맥을 같이한다. 1등주

의, 아니 1등을 넘어 초일류기업이 되고자 하는 노력. 이러한 장인정신은 아주 특별하고 성공한 사람들만의 소유물이 아니다.

이병철 삼성그룹 선대회장은 3대째 가업을 잇고 있던 일본의 '모리타森田'라는 허술한 이발소 주인이 보여준 투철한 직업의식에 큰 감동을 받았다고 한다. 그래서 일본에 갈 때마다 그곳을 애용했고, 주인에게 헤켈 면도칼 세트까지 선물하기도 했다.

필자도 남들이 보기에 하찮은 일을 하더라도 그 분야에서 최고의 경지에 오른 사람을 좋아하고 존경한다. 구두닦이도 그 분야에서 최고 전문가가 된다면 존경받을 자격이 있다는 것이다.

누군가는 "요즘은 잘 하는 거 하나만 있으면 먹고산다"고 말한다. 그 말은 절반은 맞고 절반은 틀렸다. 잘하는 정도로는 부족하다. 그 분야에서 최고기 돼아 한다. 그래야 살아남을 수 있다.

# 준비된 인재임을 어필하라

**김은이** (가명, 아주대학교 e-비즈니스 및 경영학 복수 전공)

나는 대학에서 e-비즈니스학 전공과 더불어 경영학을 복수 전공하면서 학점 3.92를 받았다. 취업 당시 토익 점수는 800점대였고, 토익 스피킹 점수는 LEVEL 6에 불과했다. 자격증은 MOS Master, M&A Consultant, M-Commerce 관리사를 보유하고 있었다. 또한 중국 남경이공대의 교환학생 경험 덕분에 중국어로 기본적인 의사소통이 가능했으며, 아시안브릿지 자원봉사자 모임인 ASSA-V, 롯데월드 앰버서더, 유니세프 정기후원 등 외부 활동에 적극 참여했다.

취업 준비를 위해 따로 스터디 모임에 참여하지 않고 혼자서 했으며 면접도 마찬가지였다. 제일 먼저 지원 기업에 대한 기업 분석을 철저하게 했다. 지원한 회사의 연혁, 대표이사, 법인 및 사업장 수, 직원 수, 주 사업 분야, 경영이념, 비전, 경영목표, 경영성과(영업이익, 경상이익, 성장률 등), 인재상, 기업문화, 광고, 사회 활동, 산업 분석, 경쟁사, 신문 기사, 이슈, 현 주가 등의 내용이었다. 그만큼 지원한 회사에 대한 나의 관심과 열정을 보여주고 싶었다.

그리고 전공지식과 영어 및 중국어 회화 능력을 재점검하고, 이력서와 자기소개서에서 예상되는 질문들에 대한 답변들도 준비했다. 더불어 신입사원으로서의 마음가짐과 업무를 수행할 때 처할 수 있는 여러 가지 상황들에 대해서도 고민해 보고, 이에 대한 내 생각을 정리했다. 또 겸손함과 예의 바름을 보여줄 수 있도록 얼굴 표정과 언행을 꼼꼼하게 점검했으며, 내 말투와 표현에서 신입사원으로서의 설렘이 묻어나도록 노력했다.

그런 노력 끝에 면접에 통과를 하고 내가 원하는 회사에 최종 합격을 했지만 만족스럽지 못한 점도 있다. 최종면접에서 압박 질문을 받았을 때 당황하여 어색한 웃음을 지으며 겨우 대답을 했던 일이다. 되돌아보면 재치 있게 답변할 수 있었는데, 긴장한 탓에 평소처럼 밝게 웃으면서 자신감 있게 표현하지 못했던 점이 못내 아쉽다.

● **취업 준비하는 후배들을 위한 조언**

자신이 지원하려는 분야에서 어떤 일을 하고, 어떤 능력이 필요한지 현업에서 일하는 선배들이나 인터넷 커뮤니티 등을 통해 꾸준히 알아보라. 실무에 준비된 인재로 인식될 수 있도록 기본 사항을 차근차근 준비해 나가는 노력이 필요하다. 또한 글로벌 시대에 여러 문화에 신속하게 적응할 수 있고, 외국어로 원활하게 커뮤니케이션 하면서 업무를 수행할 수 있는 능력도 키워야 할 것이다.

# 06
# 직무적성을 먼저 고려하라



입사선호도 조사에서 삼성전자가 6년 연속 1위를 차지했다고 한다. 그러나 회사의 규모나 명성만 보고 무작정 지원해서는 안 된다.

자기 적성도 고려하지 않고 지원한 회사가 어떤 비전을 갖고 있는지, 어떠한 기업문화를 추구하는지 등에 대한 사전지식도 없이 '묻지마' 지원을 한다면 설령 입사하더라도 적응하지 못하고 이내 퇴사하고 만다.

"중소기업인 이 회사가 대기업으로 성장하는 데 주춧돌이자 견인차로서 제 꿈을 펼치며 이 회사의 새로운 시대를 열어가겠습니다.”

이런 멋진 포부를 펼쳐보인 P군에 반한 Y사 M대표는 그를 채용했다. 입사한 P군은 열정적이고 성실하며 회사 업무에 적극적이라 M대표도 각별한 애정을 쏟았다. 그런데 P군이 얼마 후 갑자기 사표를 내겠다고 했다. 왜 그만두려 하느냐고 물었더니, “원래 제 꿈은 이게 아닙니다”라고 둘러대는 것이 아닌가. M대표는 입사 때와는 전혀 다른 그의 말에 당혹스러웠지만 이미 마음이 떠난 사람이라 붙잡지 않았다고 한다. 이런 경우가 비일비재하다.

꿈을 좇아 새로운 직장을 다시 찾아야 하는 P군도 괴롭겠지만, 회사로서도 한 사람의 꿈 값을 지불하기엔 손실이 엄청나다.

그래서인지 면접 때 회사에 대한 애정과 관심이 얼마나 깊고 회사에 대해 얼마나 사전조사를 철저히 했는지 파악하고자 이 점을 집중 질문하는 기업이 늘고 있다. 고객 입장에서 회사를 꼼꼼히 살펴보고 장단점을 분석하여 대안까지 제시하는 지원자가 좋은 평가를 받는다. 홈페이지만 대충 둘러보고 면접에 응하는 사람과는 확실히 다르다.

기업을 분석하는 것은 지원자 자신에게도 좋다. 자신과 궁합이 맞는 직장인지 미리 따져볼 수 있기 때문이다.

지원 회사를 선택할 때는 “안정적인 재무구조를 가진 기업인가? 객관적으로 평가가 좋은 기업인가? 희망업무에 해당하는 부서가 있는가? 조직구성이 체계적인가? 안정성 있는 매출 아이템 이 있는가? 회사 문화가 나와 맞는가? 경영자가 유능한가? 사원 들이 오래 근무하는가?" 등을 잘 따져보자.

지원 회사보다 먼저 고려할 것은 업계 업종의 선택이다. "자신 의 적성, 성격, 전공에 맞는가? 장래성과 사회적 평가가 좋은가? 근로조건이 좋은가? 구체적인 업무 내용이 무엇인가? 발전 가능 성이 있는가? 특별한 자격 요건이 있는가?" 등을 잘 살펴보자.

지원 업종과 회사를 결정했으면, 자신이 그 회사가 요구하는 인재상에 어울리는지, 그 회사가 추구하는 기업가치와 기업문화 에 잘 적응할 수 있는지 파악해야 한다. 이것이 면접에서 좋은 점 수를 얻는 지름길이 될 것이다.

# 07
# 지금 여기에 기회가 있다

살아남은 자는 강한 종도, 우수한 종도 아니다.
변화하는 종種 만이 살아남는다
• 다윈 •

짜릿한 전율과 감동을 준 2009년 제2회 WBCWorld Baseball Classic에서 한국팀의 경기. 특히 일본과의 결승전은 대단했다. 스코어 2대 3, 일본에 한 점 밀리던 한국팀은 '9회 말 2아웃' 상황을 맞았다. 두 명이 볼넷으로 출루한 상황에서 이범호의 안타로 3대 3이 되었고, 승부는 원점으로 돌아갔다. 결국 연장전에서 2점을 내줘 아까운 준우승에 그쳤지만, 아직도 9회 말의 기적에 흥분했던 기억을 잊지 못한다.

역전은 운동 경기에만 있는 것이 아니다. 인생에도 있다.

구조조정으로 정리 위기에 몰린 간부급 직원들 중 일부를 전환 배치한 적이 있다. 삼성에 들어와 과장이 되었으면 기본적으로 능력은 검증된 것이다. 새로 채용하기보다 그 사람들을 재고용하는 것이 훨씬 낫다. 부족한 부분이 있으면 고쳐서 함께 일한다는 생각으로 사람들을 선별했다. 이때 고려한 점은 언젠가 한 번은 좋은 업적을 보여준 시례가 있는 간부여야 한다는 것. 그리고 그들에게 당부했다.

"1등을 해본 기억이 있는 사람은 언젠가 또다시 1등을 할 수 있다. 여러분은 9회 말 아웃 상황이고 패하기 직전이다. 동점은 내가 대타로 만들어주겠다. 10회 연장전은 당신들 스스로의 몫으로 남겨둔다."


면접에 떨어지거나 통과하는 것은 끝이 아니라 하나의 과정일 뿐이다. 계속 이어지는 인생의 한 지점을 지나는 것이다. 만약 노력을 했음에도 불구하고 몇 번의 면접시험 실패로 좌절하는 사람이 있다면 그것이 전부가 아님을 알려주고 싶다. 어떠한 좌절에도 무릎 꿇지 않고 다시 일어서는 한, 앞으로 기회는 얼마든지 다시 잡을 수 있다는 것도!

절망하는 사람은 '기회는 어디에도 없다Opportunity is nowhere'고 여기지만, 언제나 희망을 잃지 않는 사람은 '지금 여기에 기회가 있다Opportunity is now here' 라고 생각한다.

# 08
# 기본으로 돌아가라



성적에만 맞춰 대학에 들어가다 보니 본의 아니게 적성에 안 맞는 전공을 선택한 탓에, 또는 다른 일에 몰두하느라 전공을 소홀히 할 수도 있다. 하지만 원하는 직업이 전공과 관련된 일이라면, 전공수업에 충실해야 한다. 많은 인사담당자들이 서류전형에서 '자기소개서'와 '학점'을 유심히 본다고 한다. 학점은 학교생활에 충실했다는 증거이고, 성실함을 재는 척도다. 전공 관련 직업이라면 전문지식의 근간이 된다.

왜 많은 대학생들이 전공을 무시하고 스펙 쌓기에 열중하는 것일까? 좋은 학벌, 만점에 가까운 토익점수, 어학연수 경험을 가진 구직자들이 넘쳐나기 때문에 남들처럼 스펙을 쌓지 않으면 뒤처질 거라고 조바심을 갖기 때문이 아닐까 싶다. 하지만 기업들은 대개 학점 3.0, 토익 700점 이상이면 크게 신경 쓰지 않는다. 토익점수가 800점인데 900점 만들려고 애쓰지 말라는 것이다.

최고 학점, 토익점수 900점, 자격증 등의 스펙을 다 갖췄는데 왜 떨어졌는지 모르겠다면 지원한 회사가 요구하는 인재상과 직무능력을 다시 한 번 살펴보길 바란다. 그리고 남들과 비교되지 않을 만큼 월등한 실력, 즉 스펙이 아닌 진짜 자신만의 무기로 승부하라.


한 젊은 화가가 영국 수상 처칠을 만나 따졌다. 그림을 열심히 그려서 전람회에 출품했는데 자격미달인 심사위원들 때문에 떨어졌다는 것이다. 그림도 못 그리는 사람들이 심사위원 자리에 앉아 진짜 화가들이 그린 그림을 심사해서야 좋은 작품을 가려낼 수 있겠냐고 강하게 불만을 터뜨렸다.

그러자 처칠이 웃으며 대답했다.

"나는 평생 달걀을 낳아본 적이 없습니다."

"……"

"그래도 상한 달걀과 싱싱한 달걀은 가려낼 줄 압니다. 심사위원도 마찬가지입니다. 그림은 못 그려도 좋은 작품은 가려낼 수 있어요. 심사위원도 사람인지라 편파적이고 잘못 심사할 수 있지요. 하지만 거기에 너무 신경 쓰지 말고 남들과 비교될 수 없을

정도로 뛰어난 작품을 그리세요. 그래도 낙선한다면 그때는 제가 나서서 미술계를 조사하겠습니다. 하지만 영국이 그 정도로 타락하지는 않았습니다. 좋은 달걀과 상한 달걀은 가릴 수 있단 말이죠. 왜냐하면 저도 수상이 되었으니까요. 처음에는 저의 특별함을 몰라보던 사람들이 결국 나를 인정해 주었습니다. 제가 그랬듯 당신도 몇 년은 참고 기다려야 할지 모르지만, 언젠가는 분명 알아줄 것입니다.”

그 뒤 젊은 화가는 처칠의 말대로 열심히 노력했고, 마침내 훌륭한 화가가 되었다고 한다.

'Back to the basic!'

다시 한 번 강조하지만, 기본으로 돌아가 실력을 쌓아라.

# 내가 가진 모든 것을 보여줘라

김수영 (가명, 충북대학교 전자공학과)

나는 충북대학교 전자공학과를 졸업했고, 학점 90.95(100점 만점),
토익 765점, 오픽 IL등급, MOS Master · 정보처리기사 · 사무자동
화산업기사 자격증을 취득했다. 2008년 지능형 모형차 설계 경진
대회 은상(한양대학교 주최), 2007년 지능형 모형차 설계 경진대회
동상과 BMW특별상을 수상한 경력이 있다. 2005년부터 2009년까
지 지능형 로봇 동아리에서 활동했고 2006년에는 동아리 회장을 역
임했다.

　재학 시, 취업 스펙에 치중하기보다는 지능 로봇동아리 활동과
전국경진대회 참가를 통해 실무에서 활용될 수 있는 지식을 습득하
고 수상경력을 쌓는 데 주력했다. 대학교 2학년 때부터 여러 전국
대회에 참가했고, 동아리 회장직을 맡으면서 다양한 로봇 제작을 통
해 살아 있는 지식을 얻고 몰입의 경험도 했다. 대학 졸업 후에는

700점 초반이던 토익 점수를 올리기 위해 노력하면서 영어 회화 등 스터디 활동을 통해 취업준비를 했다.

나는 내가 원했던 S기업의 채용 과정 중, 먼저 지원을 했던 D기업에 최종 합격을 하는 행운을 얻었다. 하지만 목표로 했던 기업은 S기업이었으므로 D기업에 합격한 영광은 잠시 접어두고 S기업의 채용에 다시 집중을 했다.

S기업의 서류전형에 통과한 나는 같이 취업준비를 하던 사람들에게 부탁해 매일 3시간씩 모의 면접을 했다. 경제지식, 시사상식, 전공지식, 인성 면접 등 모든 분야에 대한 준비를 철저히 했다. 또한 다소 차가워 보이는 외모를 극복하기 위해 매일 100번 이상 아침 시간과 잠들기 전에 "와이키키, 김치, 치즈, 개구리뒷다리"를 외치며 미소 짓는 법을 연습했나.

면접 전날과 당일에는 구체적인 준비보다는 후회하지 말고 내가 가진 모든 것을 보여주자는 생각으로 마인드 컨트롤을 했다. 그 결과 면접 당시 당당하게 나의 모습을 보여줄 수 있었고(아마도 이 점이 내가 S기업에 합격할 수 있었던 가장 큰 요인인 것 같다) 결국 합격의 영광을 얻게 되었다.

하지만 아쉬움도 남는다. 면접 과정에서 전공 관련 질문을 받았을 때, 단번에 이해하지 못하고 같은 답변을 되풀이 한 적이 있었다. 그 순간 당황하여 말이 빨라지고, 준비했던 답변도 제대로 못할 뻔했다. 다행히 면접관의 배려로 긴장을 풀고 무사히 답변을 할 수 있었지만, 면접이 끝난 후에 '좀더 침착했더라면 당황하지 않았을 텐데' 라는 생각이 들었다.

### ● 취업 준비하는 후배들을 위한 조언

가장 중요한 것은 '마음가짐'이다. 남들이 다 취업을 하니까, 연봉이 높으니까 취업하겠다는 마음가짐보다는 '이 회사야말로 내가 갈 곳이다', '내 평생을 함께할 곳이다' 라는 마음가짐이 필요하다. 이런 마음가짐으로 이력서와 자기소개서를 작성하다 보면 정성이 묻어나게 되고, 서류 및 면접 때도 빛을 발할 것이다. 다음으로 중요한 것은 바로 '믿음'이다. '나는 할 수 있다', '나는 해낸다' 는 믿음이야말로 원하는 기업에 들어갈 수 있는 가장 큰 에너지다. 이러한 '마음가짐' 과 스스로에 대한 '믿음' 만 있다면, 원하는 회사에 당당하게 들어갈 수 있다.

# 09
# 준비하는 독종이 성공한다



최근 기업들이 '노서관형' 보다는 풍부한 경험을 갖춘 '실전형' 인재를 선호하면서 대학생들은 방학을 통해 아르바이트, 공모전 등 다양한 체험을 하고 있다. 이처럼 본격적인 구직활동에 앞서 최상의 스펙을 갖추기 위해 방학을 모두 투자하는 대학생이 늘고 있다고 한다. 취업 스펙 중 장기간 투자가 필요한 요건은 저학년부터, 대외적 경험이나 경쟁을 통한 평가로 갖춰지는 요건은 고학년에 준비하는 것이 유리하기 때문이다.

### ● 인턴으로 현장을 체험해라

경력도 쌓고, 전공 분야의 직장체험도 할 수 있는 취업캠프나 기업 인턴, 현장체험 프로그램에 과감히 도전하라. 자신이 희망하는 취업 분야와 관련 있는 경험을 쌓을 수 있는지 꼼꼼히 따져보는 것이 중요하다.

### ● 모여서 공부해라

수업이 없는 방학 때 '나홀로 도서관족'은 정보에서 뒤처지고 자칫 나태해 질 수 있다. 스터디 모임의 모의 면접과 실전 테스트에 참여하면 긴장감을 잃지 않을 수 있다.

### ● 공모전을 활용해라

대학교 4학년 여름방학은 공모전에 도전할 수 있는 마지막 기회. 각종 공모전 입상 경력을 쌓으면 입사지원 때 가산점을 주는 곳도 많고, 자신의 능력도 입증할 수 있어 일석이조다.

### ● 전공 관련 자원봉사 경력을 만들어라

여름캠프 자원봉사는 보통 3박 4일이나 4박 5일 일정으로 단기간 참여할 수 있어 시간적 부담도 적다. 제약업체나 금융업체 등은 봉사활동 가산점을 주는 곳이 많다.

### ● 경력에 도움이 될 아르바이트를 해라

실무 능력과 경력을 중시하는 채용 트렌드 때문에 아르바이트도 '용돈 벌기'에서 '경력 쌓기'로 바뀌었다. 아르바이트가 끝나면 그 회사 임원의 추천서를 받아두는 것이 좋다.

# 10
# 습관이 창조성의 힘이다

습관이란 인간으로 하여금 어떤 일이든 하게 만든다.
• 도스토예프스키 •

주요 그룹의 인재상에서 쉽게 찾아볼 수 있는 요소 중 하나는 창조성이다. 창조적인 인재는 변화를 좋아하고 머뭇거림 없이 진취적으로 도전하는 사람이다. 거창한 아이디어를 쏟아내는 천재만을 뜻하는 것이 아니라 한쪽에 치우치지 않고 폭넓게 사고할 수 있어야 한다.

그렇다면 이런 창조성을 키우기 위해서는 어떻게 준비해야 할까?

안네트 모저 웰만이 제시한 창조적인 인재의 5가지 유형을 토대로 창조성을 키우는 5가지 습관을 살펴보자.

● **마음속에 이미지를 떠올려 아이디어를 이끌어내라**

믹서기 영업사원이던 레이 크룩은 어느 날 캘리포니아에서 '맥도
날드'라는 식당이 음식을 값싸게, 그것도 빨리 서비스하는 것을
보고 매료됐다. 오늘날 전 세계에서 만날 수 있는 맥도날드는 이
렇게 탄생했다. 아인슈타인의 상대성 이론 역시 그가 상상한 이미
지로 시작되었다. 그는 젊었을 때부터 빛에 대한 상상 속으로 곧
잘 빠져들었고 그것이 상대성 이론 탄생에 원동력이 되었다.

● **주변의 사소한 것도 그냥 지나치지 말고 관찰해라**

월트 디즈니는 공원에서 딸을 회전목마에 태운 순간 관찰자의 감
각이 발동했고, 그 덕분에 어른과 아이가 함께 놀 수 있는 놀이터
를 만들게 되었다. 소니의 창업자인 아키오 모리타는 아이들이
바닷가로 놀러 갈 때 음향장비를 챙겨가는 것을 보았다. '음악을
듣기 위해 무거운 장비를 들고 갈 필요가 있을까?'라는 모리타의
의문은 '워크맨'이라는 혁신적인 제품을 만들어냈다.

● **일과 놀이를 연관시켜 아이디어를 만들어내라**

육상코치였던 빌보에만은 부엌에서 일하던 도중 와플을 굽는 철
제 팬의 뚜껑을 보고 조깅화의 바닥을 와플팬 모양으로 디자인했
다. 이것이 최초의 나이키 스포츠화다. 이질적인 관계 속에서 새
로운 연관성을 찾아내 창조적 아이디어로 결합했다.

## ● 실수와 실패를 두려워하지 마라

알렉산더 플래밍은 실수로 세균 배양용 페트리 접시에 떨어뜨린 세균 한 방울에서 페니실린을 발견했다. 염화불화탄소[CFO]의 원자구조를 알아내는 연구에 몰두했던 과학자 로이 플렁킷은 무심코 연구실 난방기 위에 화학물질이 든 캔을 올려놓았다. 다음 날 아침, 그 캔 안의 염화불화탄소는 중합됐고 깡통 바닥 표면에 단단한 방염제가 생겼다. 이 우연한 실수 덕분에 새로운 합성섬유인 테플론이 탄생했다. 이처럼 창조자들은 실수와 약점을 피하거나 덮어버리지 않는다. 오히려 역발상을 통해 새로운 발명을 이끌어낸다.

## ● 업무를 단순화해라

간단하고 단순한 답변이 해결책이 될 때가 많다. 비즈니스에서 복잡한 것을 단순화하는 것도 창조적 인재의 한 가지 능력이다. 현대 무용의 거장 마샤 그레이엄은 우아한 의상과 화려한 무대에서 보여주는 발레와는 달리 춤이란 몸을 장식하는 게 아니라 '몸 그 자체'라는 믿음 아래 텅 빈 무대와 단순한 옷, 몸 전체를 사용하는 동작 등으로 현대무용을 창시했다.

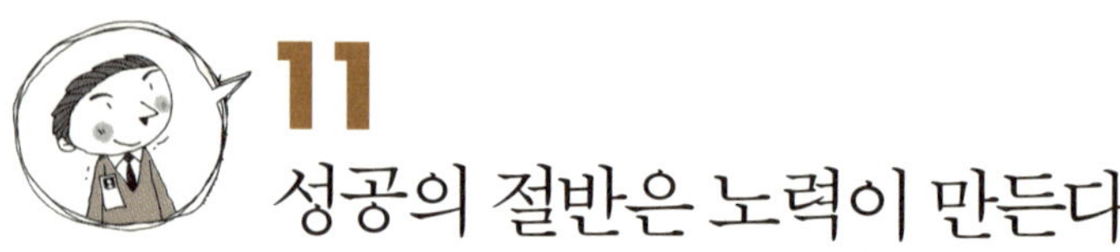

# 11
# 성공의 절반은 노력이 만든다

성공하려는 자신의 의지가 다른 어떤 것보다 중요하다.
• 링컨 •

하반기 대기업 채용이 본격화되면서 구직자들의 움직임도 바빠졌다. 그동안 공들여 작성한 자기소개서를 제출하고 인·적성검사 준비도 해야 한다. 일정에 쫓기다 보니 자칫 기본에 허술해지기 쉬운 시기다. 한 취업정보업체에서 제시한 취업 성공을 위한 조건들을 토대로 다시 한 번 새겨보자.

● **액션 플랜**action plan

구직자들에게 가장 중요한 것은 '직무'에 대한 이해다. 기업들은 준비된 인재를 좋아한다. 무조건 열심히 하겠다는 식의 대답은 이제 통하지 않는다. 자신이 원하는 업무에 대한 정보를 파악하고 그에 필요한 자격증 등을 준비하라.

### ● 서적

최근에는 단순 상식이나 지식을 묻는 게 아니라 종합적 사고와
논리력을 많이 요구하기 때문에 '책' 만한 수험 준비서는 없다.

### ● 커뮤니티

인터넷 취업 동호회나 관련 커뮤니티 등을 통해 인맥을 형성하고
관련 정보를 얻도록 하라.

### ● 시험

시험은 정보전이다. 미리미리 정보를 수집해 그에 맞는 전략을
세우는 것이 시험에 합격할 수 있는 지름길이다. 최근 기업별
인·적성 검사의 경우 관련 모의고사나 유형별 사례 등이 많이
나와 있으므로 미리 풀어보고 실전에 대비하라.

### ● 패션

외모와 복장도 전략이다. 해당 기업이 어떤 옷차림을 선호하는지
파악하고 그에 맞춰 이미지 메이킹을 해야 한다.

## ● 해외 취업

해외에 취업하려면 외국어를 아주 잘해야 한다고 생각하지만 실제로는 남들보다 빠르게 정보를 취득하고 미리 준비한 사람이 성공한다. 정부도 산업인력공단 등을 통해 해외취업을 지원하고 있으므로 참고해 보라.

## ● 커뮤니케이션

가장 쉬우면서도 어려운 것이 목소리 크기 조절이며 미소짓는 표정이다. 웃어야 된다는 생각에 잔뜩 경직돼서 오히려 어색한 표정이 될 수 있으므로 평소에 연습해 보도록 하라.

## ● 인턴십

LG그룹이나 신세계, 대림산업 등 많은 기업이 인턴을 통해 직원들을 뽑고 있다. 지자체와 각 정부부처, 학교 등을 통한 기회도 적지 않다. 정규직 전환 기회가 저더리도 직장 체험의 기회로 활용해 볼 수 있다.

## ● 자격증

가능하다면 자격증은 반드시 도전해 보자. 직무와 연관된 자격증은 자신만의 또 다른 강점 요인이 될 수 있다.

● **멘토**

학교 선배 등을 통해 인맥을 쌓는 것도 취업 성공으로 가는 지름
길이다. 가까이에 있는 직장 선배들을 찾아 관련 업무에 대한 정
보와 취업 노하우 등을 새겨듣자.

● **공모전**

신세계, GS칼텍스 등 많은 대기업이 방학을 이용해 공모전을 개
최하고 있다. 공모전 입상은 취업에 큰 기회가 될 것이다. 수상자
에 대한 가산점을 주는 기업이 늘고 있기 때문이다.

● **성과**

자신이 쌓아놓은 경험을 취업과 연결시켜 보라. 가령 과외 경험
은 크게 도움이 안 된다고 생각하지만, 과외는 커뮤니케이션 능
력을 키워주는 수단이다. 학습이 부족한 피학습자를 설득하고 설
명하는 것만큼 좋은 커뮤니케이션 능력도 없다.

● **독특한 경력**

인사 담당자들이 가장 난색을 표하는 이력서는 천편일률적인 평
범한 이력서다. 인사 담당자에게 강한 인상을 심어주기 위해서는
자신만의 독특한 경력이 담겨 있어야 한다.

## ● 돌발변수

면접에서는 때로 황당한 질문들이 나와 면접자들을 적잖이 당황시키곤 한다. "맨홀의 뚜껑이 원형인 이유는 무엇입니까?"(포스코), "서울에 바퀴벌레가 몇 마리인가?"(롯데백화점) 등이다. 이런 돌발적인 질문에 재치있게 답할 수 있는 순발력을 길러라.

## ● 예스맨

기업은 'yes' 와 'no' 에 대해서 자신의 생각을 갖고 있는 사람을 원한다. 면접에서도 무조건 예스보다는 본인의 생각을 논리정연하게 이야기하는 것이 필요하다.

## ● 집중

최근 기업들은 다양한 스펙과 경험보다는 해당 업무에 필요한 경험과 전문성을 갖춘 인재를 선호한다. 많은 분야의 경험과 체험은 오히려 산만한 사람이라는 인상을 심어줄 수 있으므로 필요한 분야에 집중해야 한다.

# 취업 전 능력을 키워라

**김성현**(가명, 광주과학기술원 석사)

나는 광주과학기술원에서 석사학위를 취득했고 토익 점수는 830점이다. 학교 특성상 졸업하기가 쉽지 않았기 때문에 8월 말 졸업하기 전 7월에 입사를 할 계획으로 졸업을 위한 실험과 논문 작성에 부단히 노력했다. 면접 준비는 학교에서 논문심사를 위한 준비를 하면서, 한국말로 발표할 것을 미리 대비하고, 예상 질문내용에 대한 답변을 정리하는 식으로 했다. 면접에서는 약 10분간 석사과정의 연구 내용과 실적에 대해 발표하고, 약 20분간의 질의응답 시간이 있었다. 석사과정 2년 동안 연구를 하면서 많은 실험을 했고, 실험 내용을 체계적으로 정리해서 발표한 경험이 많았기에 면접에서도 자신감을 가지고 발표나 질의응답에 임할 수 있었다.

내가 지원한 분야는 광섬유개발직이었고 나의 연구 또한 특수 광섬유 인출에 관한 연구였기에 광섬유 개발그룹의 부장님과 상무님의 질문이 많았다. 나는 최대한 침착하게 질문의 요지를 파악하고 주어진 시간에 맞춰 답변했다. 답변하는 시간이 너무 짧거나 길지 않도록 특히 유의했다.

그 뒤로 인사그룹장이 나의 성격에 대한 질문을 했고, 나는 준비해 두었던 대로 솔직하고 자신 있게 답변을 했다. 성격에 있어서 장점은 과장하지 않되 두드러질 수 있도록 노력했으며, 단점은 감추려하기보다는 솔직하게 인정하고 그 단점을 보완하기 위한 내 나름대로의 방식을 제시했다. 하지만 좀더 내 자신을 어필하기 위해 답변 준비에 시간을 충분히 할애하지 못한 점이 아쉬움으로 남는다.

### ● 취업 준비하는 후배들을 위한 조언

아직 준비되어 있지 않다면 자신의 능력을 키우기 위해 좀더 시간을 투자하길 바란다. 준비가 부족한 상태에서 취업에 임하게 되면 자신감도 떨어지고 면접에서 구체적인 답변 능력 또한 부족할 수밖에 없다. 하루라도 빨리 취업을 하고 싶은 것은 모든 취업 준비생들의 바람일 것이다. 하지만 100점 만점에 80점도 되지 못한 상태에서 여러 기업들에 응시를 하며 시간을 낭비하는 것보다는, 90점 이상의 상태를 만들어 자신이 목표로 하는 기업에 취업할 수 있도록 매진하는 것이 훨씬 더 전략적이고 성공 가능성도 높을 것이다.

평생 함께 갈 직원이 되라 | 주인처럼 생각하면 주인이 된다 | 준비된 사람은 기회를 만든다 | 면접관의 눈에 들어라 | 인턴과 아르바이트 경력을 쌓아라 | 듣는 능력이 말하는 능력을 결정한다 | 글로벌 시대, 언어가 경쟁력이다 | 일과 가정을 조화롭게 꾸려라 | 순발력과 재치를 발휘하라 | 천마디 말보다 행동을 보여라

# 12
# 평생 함께 갈 직원이 되라

유능한 사람 뒤에는 항상 다른 유능한 사람들이 있다.
· 중국 속담 ·

항우를 물리치고 한나라를 세운 유방은 자신이 천하를 얻을 수 있었던 이유를 이렇게 말했다.

"뒤에서 은밀히 전략을 세우고 승패를 예측하는 점에서 내 어찌 장량張良을 능가하겠으며, 나라를 다스리며 백성들을 달래고 식량을 조달하는 점에서 내 어찌 소하蕭何를 능가하겠는가? 또한 100만 대군을 이끌고 싸우면 이기고 공격하면 빼앗는 전략에서 내 어찌 한신을 능가하겠는가? 나는 단지 이들을 잘 써서 천하를 얻게 된 것이다. 그러나 항우는 범증范增이라는 걸출한 책사가 있었음에도 그조차 제대로 쓰지 못해 내게 패했다."

유방의 말처럼 인재의 중요성은 아무리 강조해도 지나치지 않는다. 인재 기용에 천하를 얻느냐 잃느냐의 문제가 달려 있기 때문이다.

'인재가 만사', '사람이 곧 기업', '인재 제일주의' 라는 말들이 무심코 생긴 것이 아니다. 어떤 사람을 채용하는가에 기업의 존망이 달린 만큼, 기업마다 좋은 인재를 찾기 위해 애를 쓴다.

그렇다면 도대체 좋은 인재란 어떤 사람을 말할까?

기업들은 대부분 창의성과 상상력을 지닌, 도전의식이 강한 사람을 선호한다고 한다.

이 시대 최고의 경영전략가로 알려진 게리 해멀Gary Hamel은 창조적인 인재의 조건으로 세 가지를 제시했다. 역발상, 현재를 관찰하는 능력, 세상을 레고 블록으로 보는 능력(자기 분야만이 아니라 다른 분야들도 총체적으로 종합할 줄 아는 능력)이다. '창의' 혹은 '창조' 라는 키워드가 요즘 면접 현장에서 화두이고, 이런 능력을 지닌 인재가 인정을 받고 있다. 빌 게이츠 같은 창조적인 인재가 세상의 패러다임을 바꾸고 세계를 이끌어가기 때문이다. 즉 한 명의 천재가 수만 명을 먹여살리는 것이다.

하지만 이런 천재들의 기발한 아이디어를 실현하는 데에는 보이지 않는 곳에서 묵묵히 일하는 수많은 사람들이 존재한다. 빌 게이츠가 윈도우로 세계를 지배했을 때 스티브 발머 외 MS 직원들이 함께했고, 토머스 에디슨도 멘로파크에 연구소를 설치하고 몇백 명의 유능한 연구원들을 채용한 덕분에 전기를 발명할 수 있었다. 천재들과 함께한 사람들이 제각각 자기 역할을 해주었기 때문에 획기적인 발명품들이 나올 수 있었던 것이다.

기업은 팀플레이를 하는 축구나 야구, 교향악단과 같은 조직이다. 뛰어난 실력자들이 각자의 분야에서 최선을 다할 때, 그리고 서로를 존중하고 배려하며 조화를 이룰 때, 최고의 성과를 낸다. 그렇기에 기업들은 신입사원을 채용할 때 기본적인 소양을 갖춘 사람을 선별하려고 한다. 성실성, 책임감, 전문성, 로열티 loyalty, 앞으로 발전 가능성 중 어느 기업이나 가장 주의 깊게 보는 항목이 로열티, 즉 애사심이다. 기업의 핵심가치를 파악하고 기업문화에 잘 적응할 수 있는 사람을 우선적으로 뽑고자 한다. 또한 우리 회사에 뿌리내릴 준비가 되어 있는지, 조건이 더 좋은 회사에 눈 돌리지 않을 사람인지 등을 따져보게 된다.

'평생직장' 개념이 '평생직업'으로 바뀌었지만, 기업은 평생 함께 갈 직원을 뽑고 싶어한다. 그것은 신뢰의 문제다. 삼성이 '의인불용 용인물의擬人不用 用人勿疑'의 인사원칙을 고수하는 까닭이다. 믿지 못하면 맡기지 않고, 일단 맡겼으면 끝까지 믿는다는 것이다. 먼저 누구라도 믿고 일을 맡길 수 있는 사람이 된다면, 취업쯤이야 문제없다.

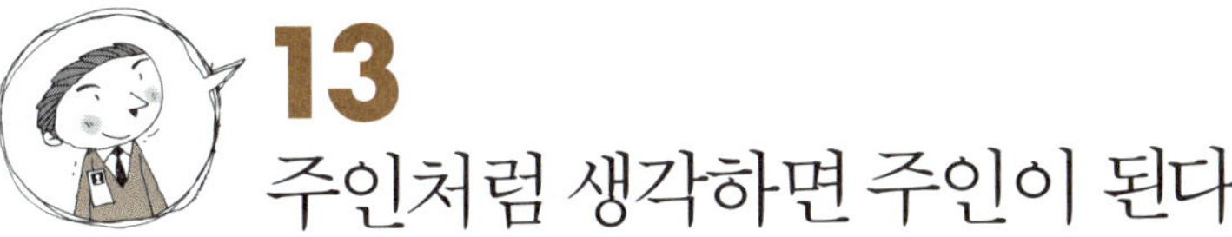

# 13
# 주인처럼 생각하면 주인이 된다



미국의 스탠더스 석유회사에 애치볼드라는 신입 사원이 입사했다. 얼마 지나지 않아서 그의 별명은 '한 통에 4달러'가 되었다. 이것은 스탠더스 석유회사의 광고 문구였다. 기안서를 올릴 때 사인을 할 때도 옆에다 '한 통에 4달러'라고 썼으며, 출장을 갈 때마다 호텔에서 체크인을 할 때도 자기 이름 옆에다 '한 통에 4달러'라는 자기 회사의 광고 문구를 써넣었다.

이런 유별난 직원에게 동료들이 조롱삼아 별명을 붙여줬고, 이 소문이 회사의 사장인 석유왕 록펠러의 귀에 들어갔다. 그런 정도로 열정을 가진 직원이 있다면 한 번 만나보자고 했다. 그 만남을 계기로 결국 록펠러가 은퇴했을 때 애치볼드가 뒤를 이어

석유왕이 되었다고 한다.

애치볼드가 보여준 열정은 바로 '주인의식ownership' 이다. 주인의식을 가진 사람은 자기 '직급' 에 맞지 않게 사원이라면 대리같이 일하고 대리가 과장처럼 일한다. 신입사원이 팀장처럼 일한다. 윗사람의 권한을 침해하지 않으면서 안 해도 될 일, 안 해도 월급 받는 데 지장 없는 일, 남들은 다 하기 싫어하는 궂은일을 한다. 따라서 주인의식을 가진 사람이 많을수록 그 기업은 성공하게 된다.

그러면 취업 준비생들이 가져야 할 주인의식에 대해 생각해 보자.

## 주인의식 |

그리스의 괴짜 철학자 디오게네스는 항해를 하다가 해적에게 붙잡혀 노예시장으로 끌려갔다. 노예 상인이 "너는 무엇을 할 줄 아느냐?"고 묻자 디오게네스는 이렇게 답했다.

"사람을 잘 다스립니다. (좌중을 둘러보며) 저 중에 주인을 살 사람이 있는지 물어보시오."

그러더니 아예 한 사람을 가리켰다. "저 사람에게 주인이 필요한 것 같소. 나를 저 사람에게 파시오."

노예를 사러 왔다가 졸지에 주인을 사게 된 그에게 디오게네스는 자기 말을 따르라고 요구했다. 주객이 전도된 격이라고 황당해 하자, 디오게네스는 일침을 놓았다.

"병에 걸려 의사를 샀을 때도 의사 말 안 듣고 주객이 전도되었다고 할 것입니까?"

이렇게 해서 乙의 집에 들어온 디오게네스는 아이들의 교육은 물론이고 집안의 규율까지 모두 바꾸어 놓았다. 나중에 집주인은 "훌륭한 정신이 우리 집에 들어왔다"며 칭찬했다고 한다.

누가 주인이고, 누가 고용되었는가? 진짜 주인은 누구인가?

### 주인의식 II

어떤 사람이 성공한 기업가에게 물었다.

"회장님은 어떻게 성공하셨습니까?"

"여러 가지 비결이 있는데, 그걸 다 말해줄까요?"

"아니, 가장 중요한 것 하나만 말씀해주십시오."

"가장 중요한 한 가지만 말하라면…."

그 사람은 기업가의 말에 귀를 기울였다.

"나와 같이 일하는 직원들을 모두 자기가 주인이라고 착각하게 만들었습니다. 사실 주인은 나인데 말이지요."

### 주인의식 III

기업에게 진짜 주인의식이란 무엇일까? 지금 시대에 디오게네스처럼 한다면 어떻게 될까?

옛날 우리나라에서는 서양의 노예에 해당하는 머슴을 부렸다. 만약 지금 직장에서 머슴처럼 일을 한다면 어떨까? 머슴은 늘 주인보다 부지런히 움직인다. 일찍 일어나고 더 늦게 자며, 주인의 눈이 향하는 곳을 미리 살펴서 정돈해 둔다. 또한 주인이 원하는 것을 재빠르게 눈치채고 준비한다. 소위 눈치 100단은 기본이다.

상사의 안색은 물론 심기와 그 생각까지 헤아려 행한다면 아마 최고의 경쟁력을 가진 직원이 될 것이다. 어떤 사장이 좋아하지 않겠는가. 머슴정신이야말로 섬기는 리더십의 정수가 아닐까.

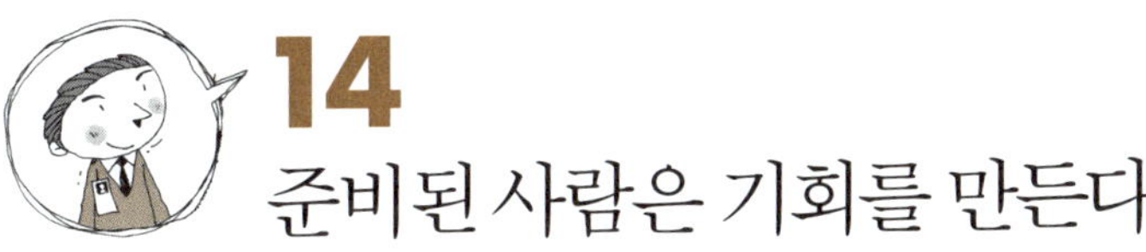

# 14
# 준비된 사람은 기회를 만든다

호황은 좋은 것이다. 그러나 불황은 더 좋다.
• 마쓰시타 고노스케 •

영화 〈타이타닉〉의 감독 제임스 카메론이 무명의 감독 지망생이었던 시절, 유명한 여성 제작자 게일 앤 허드를 어렵게 만나게 되었다. 그때 카메론은 자신이 오랫동안 공들였던 시나리오를 허드에게 보여주면서 제안했다.

"이 시나리오를 단돈 1달러에 팔겠습니다."

자식을 키우듯 엄청난 노력과 에너지와 시간과 정성을 쏟아부었을 시나리오를 단돈 1달러에 팔겠다니! 이쯤 되면 시나리오 자체보다 작가에게 더 흥미가 생긴다. 허드 역시 그랬다. 그녀는 이 배짱 두둑한 사내가 어떤 사람인지 궁금해졌다. 제임스 카메론은 이때를 놓치지 않고 한마디 덧붙였다.

"단, 내가 이 영화를 감독하는 조건으로 말입니다."

이렇게 탄생한 영화가 〈터미네이터〉다. 무명의 감독 지망생에서 몇천억 달러를 쥐고 흔드는 세계적인 감독으로 터닝포인트하는 순간이었다. 제임스 카메론의 인생에서 가장 중요했던 한순간을 꼽으라면 바로 허드와 미팅했던 바로 그 순간이 아니었을까.

하지만 카메론이 감독으로서 준비된 사람이 아니었다면 그런 과감한 제안을 할 수 있었을까? 제안을 했더라도 실력이 바로 들통나 결국 해프닝으로 끝났을 것이다.

준비된 사람만이 자기 앞으로 다가오는 기회를 잡는 법이다. 그리고 기회에 끌려가는 것이 아니라 자신이 스스로 기회를 주도해 간다.

준비된 사람은 또한 호황이나 불황, 취업난 등의 호불호 상황에 큰 영향을 받지 않는다. 언제든 기회만 잡으면 자신의 실력을 펼칠 수 있다.

# 한 번 실수에 연연하지 말라

**노대빈**(건국대학교 전자공학과)

나는 건국대학교 전자공학과를 졸업했으며, 학점 3.85, 토익 690점, 오픽 IL등급에 정보처리산업기사, MOS Master 자격증이 있다. 그리고 임베디드시스템*embedded system* 전문가 과정 연수를 마쳤다.

취업 스펙을 넓히기보다는 실질적인 회사생활 전반을 미리 접하기 위해 다양한 아르바이트로 인간관계를 넓혔으며, 사회생활을 많이 경험하려고 노력했다. 전자공학의 수많은 분야 중에서 임베디드시스템과 프로그래밍에 대한 관심 때문에 졸업 후에도 취업준비를 병행하면서 한국전자정보통신진흥회의 임베디드시스템 전문가 과정 연수에 지원하여 참가했다. 그 기간 동안 임베디드시스템에 대한 지식을 습득했고, 팀의 리더로서 여러 가지 프로젝트를 진행하면서 팀 프로젝트의 경험을 쌓았다.

나는 면접 준비를 따로 하진 않았지만, 다양한 아르바이트 경험과 연수원 생활을 통해 어떤 상황에서도 기죽거나 긴장하지 않고 자기 자신을 PR하고 프레젠테이션하는 연습을 많이 했다. 그런 과정 덕분에 '자신감'이라는 내공을 쌓는 데 주력할 수 있었다. 그리고 경험을 단지 경험으로 끝내지 않고 끊임없이 되새기며 반성하고 개선하려는 노력을 게을리하지 않았다.

면접 때 내가 속한 팀에서 가장 먼저 자기소개를 하고 질문을 받았는데, 다른 팀들이 보통 20~30분 정도로 끝났던 반면 우리 팀은 나에 대한 질문과 대답만 20~30분이나 진행되었다. 그래서 나는 합격을 확신할 수 있었다.

● **취업 준비하는 후배들을 위한 조언**

자신감을 갖되 자만하지 말고, 자기의 역량과 능력을 충분히 보여 줄 수 있도록 준비하면 좋은 결과가 있을 것이다. 최선을 다하면서 '나는 잘 될 것이다'라는 주문을 외우고, 또 그런 믿음으로 준비하면, 그 기운이 면접관이나 인사담당자에게 전해질 것이라고 생각한다. 또 면접 때는 답변의 내용도 중요하지만 답변할 때의 태도도 중요하다. 같은 대답이라도 얼마나 자신 있게 하느냐에 따라 면접관도 점수를 다르게 준다. 자신의 대답이 틀릴 수 있다는 사실을 절대 두려워하지 말아라. 대답이 틀린 것보다 점수를 더 깎아먹는 것은 자신감 없는 태도다.

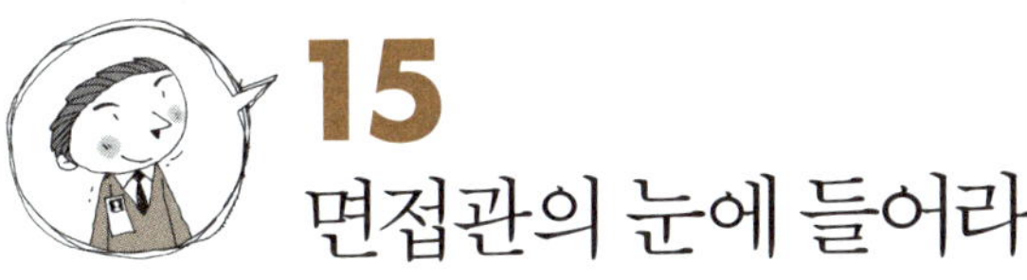

# 15
# 면접관의 눈에 들어라

세상에 백낙이 있은 다음에야 천리마가 있다.
천리마는 어느 때나 있지만 백낙은 그렇지 않다.
• 한유 •

면접관들도 고민이 많다. 자신이 천리마를 못 알아봐서 좋은 인재를 놓치지는 않을까, 좋은 인재가 될 싹을 몰라보지 않을까 노심초사 한다.

우리나라 기업의 채용문화는 아직까지 인재육성형이다. 될 만한 싹을 뽑아 키워서 쓰겠다는 것. 그래서 현재 지원자가 가진 능력보다는 앞으로의 발전 가능성에 더 무게를 둔다. 신입사원들을 채용할 때는 바로 당장 성과를 낼 수 있는 능력이 아니라 잠재력을 염두에 두고 있다. 그러나 그 잠재력을 바로 알아볼 수 있는 것이 아니어서 때로는 좋은 인재를 놓치기도 한다.

잉글랜드 프리미어리그에서 뛰면서 국위를 선양하고 있는 박

지성. 그도 신체적인 조건 때문에 한동안은 우수한 선수로 인정받지 못했다.

"발재간과 감각은 있는데, 키가 작아서…"

감독들은 대부분 이렇게 말하면서 고개를 저었다고 한다.

지금은 대스타가 된 연예인 A. 하지만 배우지망생 시절 오디션을 보러 다닐 때, 심사위원 B가 볼 것도 없다는 듯이 "넌 연기 같은 건 할 생각도 마라. 다른 데 알아봐"라고 했다고 한다.

그 감독이나 심사위원은 지금 얼마나 자신의 보잘것없는 안목을 탓하겠는가.

기자들이 박지성에게 물었다.

"히딩크 감독에게 가장 고마운 것이 무엇입니까?"

박지성이 대답했다.

"내 속에 숨어 있는 잠재력을 현실로 끌어내주신 것입니다."

내가 뽑은 사람이 몇 년 뒤 핵심 역량으로 성장했을 때, "역시 내 눈은 틀림없어" 뿌듯함을 느끼는 이들이 바로 면접관이다. 면접에 지원하는 사람들은 이러한 면접관의 노력과 자부심을 기억해야 한다. 면접관의 입장에서 스스로를 바라볼 수 있다면 면접의 반은 성공한 것이다.

# 16
# 인턴과 아르바이트
# 경력을 쌓아라

능력을 인격 앞에 내세우는 자는
결코 남들 위에 설 수 없다.
• 피터 드러커 •

취업포털 사이트의 조사에 따르면, 기업이 선호하는 취업스펙 1순위는 인턴이나 아르바이트 경력이라고 한다. 현장을 이미 접해본 사람들이라 실무에 바로 투입해도 문제없을 것으로 여기기 때문이다.

물론 인턴과 정규직 채용과정이 엄연히 다르기 때문에 그 기업에서 인턴이나 아르바이트 경험이 있다고 해도 정규직으로 바로 채용되지 않는 경우도 많다. 인턴이나 아르바이트 경험 자체보다는 그것을 통해 무엇을 배웠는지, 앞으로 입사하면 어떻게 적응해 나갈 것인지 구체적으로 제시하면 그것이 바로 본인의 재산이 되는 것이다.

인턴을 마친 뒤 해당 기업에서 정규직으로 일하고 싶다면 나름의 전략이 필요하다. 인턴사원은 짧은 기간에 업무능력과 잠재력, 조직 적응력 등을 평가받는다. 따라서 책임감이 강하고 적극적이며 팀워크가 좋은 사람이 정규직이 될 확률이 높다.

인턴 평가는 기본적인 자질을 보는데, 출퇴근 시간을 제대로 지키는지, 궂은일도 웃는 얼굴로 하는지, 동료들과 잘 어울리는지, 토론을 할 때 제대로 된 질문을 하는지 등이 판단 근거가 된다. 낮말은 새가 듣고 밤말은 쥐가 듣고, 벽에도 귀와 눈이 있다. 언제 어디서나 자기관리를 철저히 해야 한다. 물론 그것이 가식적이어서는 안 될 것이다.

취업 준비생들은 스펙 쌓기에만 신경 쓰느라 정작 회사생활에서 필요한 대인관계나 커뮤니케이션 스킬, 기획서와 문서작성 능력, 비즈니스 예절 등은 소홀히 하는 듯하다. 기업은 실무에 능숙하고 회사생활에 적응이 빠른 사람을 뽑고 싶어한다. 이런 바람이 경력자들을 선호하는 경향으로 이어지는 것이다. 뛰어난 실무능력이 곧 성과로 연결되고, 그래야 기업도 성장할 수 있기 때문이다. 취업을 준비하는 사람들은 이런 점을 염두에 두었으면 한다.

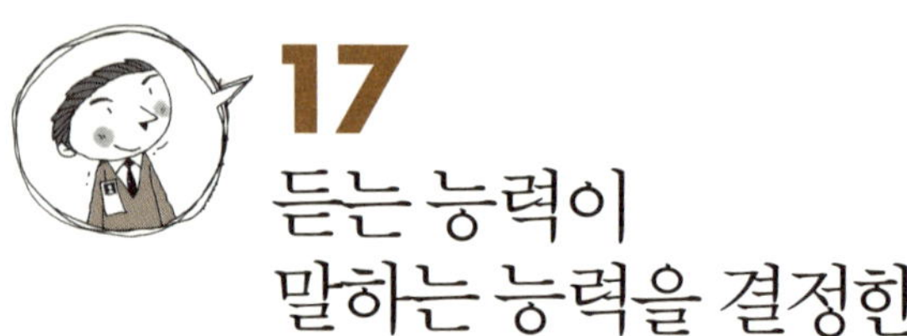

# 17 듣는 능력이
# 말하는 능력을 결정한다

우리가 말을 더 많이 하도록 만들고 싶었다면,
신은 우리에게 귀 하나에 입 두 개를 주었을 것이다.
• 작자 미상 •

소통은 이 시대의 중요한 화두다. 사람은 혼자서 살아갈 수 없고, 더욱이 혼자서 일할 수 없기 때문이다.

전문가가 되기 위해서는 가장 먼저 전문 지식을 쌓아 실력을 갖춰야 한다. 그러나 그 지식이 아무리 뛰이나도 커뮤니케이션 능력이 부족하면 전문가로서의 실력을 제대로 인정받지 못한다.

지금은 여러 분야의 전문가들이 힘을 합해 하나의 큰일을 이루어 나가는 시대다. 이 시대가 요구하는 T자형, 통섭형, 하이브리드형 인재들도 따지고 보면 자기 분야뿐 아니라 다른 분야도 아우를 줄 알고, 다른 분야 사람들과 원활하게 소통할 수 있다. 다른 분야의 사람들에게 자신의 전문지식을 정확하게 전달하는 동시에, 그들이 하는 말을 제대로 이해할 줄 안다는 것이다.

내가 말을 잘하기 위해서는 먼저 상대방의 말에 귀 기울여야 한다. 경청이 말하는 것보다 더 중요함은 새삼 강조할 필요도 없다. 집단토의 면접에서 유심히 보는 점도 지원자의 경청하는 태도다. 자기주장만 내세우는 지원자는 좋은 평가를 받을 수 없다. 나중에 입사해서도 커뮤니케이션 스킬이 부족하여 팀워크를 해칠 수 있기 때문이다.

마음을 열고 상대방의 말에 귀를 기울어라. 그런 다음에 자신의 의견을 피력해도 늦지 않다. 그것이 커뮤니케이션을 잘하는 방법이다.

# 18
# 글로벌 시대,
# 언어가 경쟁력이다

생각은 꽃이고 언어는 싹이며, 행동은 그 후에 열매가 된다.
• R. M. 에머슨 •

일본어, 영어, 네덜란드어에 한국어까지 4개 언어를 구사한다는 박지성. 그는 맨유에 입단할 때 통역을 이용해 의사소통을 해도 되었지만, 몸소 부딪치기로 작정하고 죽기 살기로 영어를 배웠다. 동료들과 친해지려면 말이 통해야 하고, 코칭스태프의 지시도 말을 알아들어야 따를 수 있기 때문이었다.

해외에서 자신의 능력을 인정받으려면 언어는 반드시 익혀둬야 한다. 박지성처럼 생존과 직결되어 있으면 언어를 배우는 것이 빠르다. 물론 죽기 살기로 해야만 한다.

반대의 경우도 있다. 이노디자인 김영세 대표는 일리노이 대학에서 유학할 때 미숙한 영어 때문에 고생이 많았다. 그때 지도 교수였던 스타이너 교수가 이렇게 격려해 줬다고 한다.

"자네는 미숙한 영어 때문에 오히려 다른 학생들보다 훨씬 더 창조적인 생각을 할 수 있는 것 같네."

이것은 심영세 대표가 초기 유학생활을 할 때의 일이다. 그는 유학을 마치고 바로 귀국한 것이 아니라 그곳에서 취업을 하고 일리노이 대학 어버너 샴페인Urbana-Champaign 캠퍼스 교수까지 맡았다. 그러니 현재 영어 실력이 유창할 수밖에 없는 것이다.

월드스타 비는 해외 진출을 앞두고 가장 먼저 영어 공부를 시작했다. 한 편의 영화를 수십 번, 아니 수백 번 보며 대사를 외우다시피 반복해 따라했고, 하루 24시간 영어 선생님과 함께 생활을 하며 언어를 익히기도 했다. 지금 이 순간도 그는 영어 공부를 게을리하지 않고 있다.

이처럼 글로벌 시대에 언어는 필수다. 세계 무대에서 꿈을 펼치기 위해서는 글로벌화 시대에 맞는 경쟁력 강화와 그를 위한 외국이 능력 향상이 뒷받침돼야 한다.

SUCCESS STORY

# 당신의 능력을 믿어라

박남수 (부산대학교 법학과)

나는 부산대학교 법학과를 졸업했으며, 학점 3.79, 토익 815점, 오픽 IM등급에 MOS Master 자격증이 있다.

토익시험을 준비할 때 가장 먼저 할 일은 목표 설정이다. 700점, 800점, 900점대별로 공부법이 따로 있고, 거기에 쏟아야 하는 시간과 노력 역시 다르다. 만약 어떤 사람이 700점을 목표로 한다면 그에게 가장 현실적인 점수는 680점 정도일 것이다. 왜냐하면 그 사람에게 700점은 만점인데, 만점을 받기란 그렇게 쉬운 일이 아니기 때문이다. 나는 토익을 준비하면서 800점을 목표로 설정했고, 815점이라는 목표치를 초과하는 만족스러운 점수를 받았다. 되돌아보면 목표를 900점으로 잡았더라면 더 좋았을 것이라는 생각도 든다.

입사 과정에서 영어 말하기 능력이 중요해졌다. 그래서 접하게 된 것이 오픽이었다. 나는 매일 EBS의 '입이 트이는 영어', '귀가 트이는 영어' 프로그램을 들으면서 영어로 말하기에 익숙해지고자 했다. 시험을 앞두고는 오픽 관련 책을 사서 기출문제와 모범답안에 대해 공부하는 걸로 마무리했다.

평소에는 컴퓨터를 가까이 하지 않다가 막상 취업의 진로를 바꾸게 되자 가장 큰 걱정은 OS 운영능력의 부재였다. 그래서 선택한 것이 MOS였다. 아주 기초적인 내용이었지만 OS에 대한 막연한 두려움을 떨칠 수 있었다.

그리고 매주 두 차례 취업 스터디를 통해 면접을 준비했다. 가상 면접을 통해 상호 간 면접 시 고쳐야 할 부분을 지적하고 그에 대해 보완하는 작업을 끊임없이 했다. 이를 통해 면접 시 돌발질문에 대처하는 방법과 나의 장점을 조리 있게 설명할 수 있는 능력을 키울 수 있었다.

2008년 사법시험에 대한 미련을 접고 취업을 결심했을 때, 나는 어리석게도 마음만 먹으면 되는 게 취업이라는 생각에 최선을 다하지 않았다. 그렇게 방심한 탓에 하반기 채용 서류심사에서 여러 차례 불합격이 되었다.

또한 면접 때마다 항상 질문을 받으면 즉각적으로 대답하는 실수를 범하곤 했다. 그러다 보니, '이렇게 대답하면 더 좋았을 걸' 하고 후회한 적이 많다. 대답하기 어려운 질문을 받았을 때 오히려 "잠시만 생각을 해보겠습니다" 라고 솔직하게 양해를 구했더라면, 결과가 훨씬 더 좋았을 거라는 아쉬움도 든다.

## ● 취업 준비하는 후배들을 위한 조언

인생에 여러 가지 고난의 시기가 있겠지만 취업을 하는 시기야말로 가장 힘들게 느껴진다. 하지만 그런 만큼 취업 과정에서 잃지 말아야 할 것은 자기 자신에 대한 믿음이다. 자신에 대한 믿음을 잃어버리는 순간 취업도 끝이 난다고 해도 과언이 아닐 것이다. 자신을 믿을 때만이 자신이 설정한 목표를 위해 더욱 노력하고 정진할 수 있다. 당신의 능력을 믿으라. 당신은 정말 대단한 사람이다. 지금은 비록 세상이 당신을 몰라본다고 해도 언젠가 당신의 빛이 세상에 드러날 날이 올 것이다.

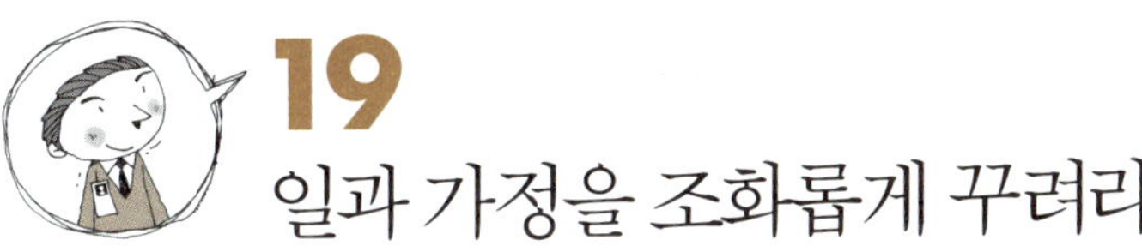

# 일과 가정을 조화롭게 꾸려라



가족과 일의 균형을 유지하라.
• 데이빗 닐먼 •

이건희 삼성그룹 전 회장은 "여성인력 활용이 선진국의 척도다"라며 "이제는 기업도 여성을 이해하지 않으면 살아남기 어렵게 됐다"고 강조했다.

감각적이고 섬세함이 필요한 분야에서는 여성의 능력이 남성보다 훨씬 뛰어나다. 그러므로 여성의 무기인 섬세함과 부드러움을 바탕으로 남성과 동등한 능력을 펼칠 수 있다는 것을 보여주는 것이 중요하다.

여성 면접자에게 간혹 결혼계획을 물어보는 경우가 있다. 나중에 결혼이나 육아가 걸림돌이 될 수 있다고 생각하기 때문이다. 필자의 경험에 의하면, 가정생활과 직장업무를 대하는 마음가짐에 따라 업무 능력을 인정받고 승진 여부도 판가름 난다.

최초 여성임원으로 내부 승진한 J차장은 가정을 꾸리면서 아이도 둘이나 키우고 있었지만 일하는 자세가 남달랐다. 필자가 한번은 J차장에게 퇴근시간에 임박해 업무를 지시한 적이 있었다. 당장 해야 할 일은 아니니 내일 처리하라고 얘기했으나 그녀는 다음날 아침 바로 그 업무 결과를 보고했다. 언제 그 일을 했냐고 물으니 전날 야근을 해서 일을 다 끝냈다고 한다. "그렇게 늦게 가도 되느냐? 아이들과 남편 저녁을 챙겨줘야 하는 것 아니냐?"고 물었더니, "다들 알아서 챙겨 먹어요" 라고 대답했다. 오히려 필자가 미안한 마음이 들었다. 아이들이 고3이었을 때도 수험생 엄마 노릇을 안 했지만 두 아이 모두 국내 최고 일류대학에 들어갔다고 한다. 더욱이 남편의 내조도 훌륭했다.

J차장과는 정반대되는 경우도 있다. 완벽한 스펙에 외모까지 뛰어났던 A양. 굉장히 빨리 성장하리라 기대했는데, 결혼과 동시에 발전이 멈추었다. 일보다는 가정을 우선한 결과다.

물론 가정에 소홀한 채 일에만 몰두하는 워커홀릭이 되라고 강요하는 것은 아니다. 가정과 일을 조화롭게 꾸려갈 수 있는 지혜가 필요하다. 사회적 환경과 시각, 기업 내의 기회 등은 남자와 경쟁하는 데 제약이 없을 정도로 크게 변화했다. 그렇지만 개인적인 여건이 불리한 것은 사실이다. 남자직원들은 대부분 자신의

업무에 올인한다. 때문에 여자라면 더욱 스스로 꿈과 미래, 행복
의 기준을 감안한 나만의 목표를 먼저 정해야 한다. 그것에 따라
일과 가정생활을 배분하는 것이 어떨까.

# 20
# 순발력과 재치를 발휘하라



말은 말하는 사람의 언어적 표현에 그치는 것이 아니다. 그 사람의 과거 행적의 지문이고 나이테이며, 사고의 구조와 생각을 밖으로 표출하는 행위다. 따라서 긍정적인 생각은 긍정적인 말로 나타난다.

키가 작은 덩샤오핑은 매우 긍정적인 사람이었다. 그는 이렇게 말하곤 했다.

"나는 낙관주의자다. 하늘이 무너져도 두렵지 않다. 키 큰 사람들이 먼저 부딪히기 때문이다."

빌 클린턴 전 미국 대통령과 그의 부인 힐러리가 주유소에 갔다가 우연히 힐러리의 옛 남자친구를 만났다. 돌아오는 길에 빌

이 말했다.

"당신이 저 남자와 결혼했다면 지금 주유소 사장 부인이 됐겠지?"

그러자 힐러리가 되받아쳤다.

"아니. 저 남자가 미국 대통령이 되었을 거야."

힐러리는 영부인으로 만족하지 않고 대권에 도전했다. 비록 오바마에게 패해서 대선후보 자리를 내주고 물러났지만, 지금은 국무장관으로 대통령을 보좌하며 다음 대선을 노릴 만큼 의욕이 대단하다.

1981년, 존 힝클리라는 정신병 환자의 저격을 받은 레이건 전 미국 대통령. 부인 낸시가 병원 입원실로 들어오자 이렇게 말한다.

"여보, 영화처럼 날렵하게 총알을 피하는 걸 깜박했어."

레이건은 심각한 상황에서 진짜 죽을 뻔했는데도 능청스럽게 유머를 할 줄 알았다.


면접에서도 순발력이 뛰어나고 유머 있는 사람이 무사통과하게 마련이다.

어떤 사람이 입사 면접에서 이런 질문을 받았다.

"'하늘은 스스로 돕는 자를 돕는다'를 영어로 말해보시죠?"

그 사람은 순간 생각이 나지 않았지만 재치있게 순발력을 발

휘했다.

"Sky is self-service."

물론 엉터리다. 'Heaven helps those who help themselves'
가 정답이다. 하지만 면접관은 그의 적극성과 뛰어난 재치를 높
이 평가해 합격시켰다고 한다. 면접 응시자라면 이들에게서 재치
와 여유를 배워야 할 것이다.

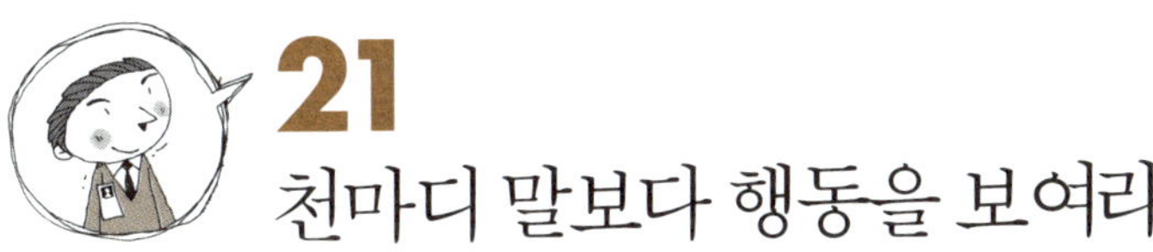

# 21
# 천마디 말보다 행동을 보여라



말에는 진정성이 담겨야 한다. 실력과 실행이 뒷받침되지 않는 번지르르한 말은 공허하다. 그래서 면접관은 말을 잘하면 똑똑하게 보이는 후광효과halo effect를 경계한다. 당장 입사하기 위해 자신의 실력을 과시하거나 거짓말을 하는 것은, 순간적으로 튀어나오는 재치나 분위기를 띄워주는 유머와는 질적으로 다르다.

셜록 홈즈가 사건 의뢰인의 옷차림과 말투, 액세서리, 구두의 흙 등으로 그가 누구이며 어디에 사는지 추리하듯이, 면접관도 나름의 노하우로 지원자의 말에서 진심을 읽어내려고 오감을 작동한다. 예컨대 취업에 손해가 된다고 생각해 고시공부 경력을 숨기는 사람이 있는데, 나중에 밝혀지면 오히려 감점 요인이 된다.

단점도 다른 측면에서 보면 장점일 수 있다. 이를테면 내성적인 성향은 꼼꼼하고 섬세한 일에는 오히려 강점이 될 수 있다. 언변이 뛰어난 것은 분명 큰 장점이고 다른 사람들의 이목을 집중시키며 인기를 모으는 비결이지만, 때로는 말이 어눌한 사람이 더 진실해 보일 수 있다. 말을 잘하든 못하든 말 속에 신념과 철학이 담겨 있으면 강한 호소력과 설득력을 갖게 마련이다. 자신이 한 말에 책임을 질 수 있는지, 자신의 말이 행동과 일치하는지 먼저 고심해야 할 것이다.

재여는 공자의 제자 중 가장 언변이 뛰어났다. 하지만 게으르고 반항심이 강해 공자의 가르침을 잘 따르지 않았다. 그는 곧잘 공자의 교훈을 어기고 은근히 조롱하기까지 했다.

공자가 말했다.

"나는 전에는 사람을 대할 때 그가 말하는 것을 듣고 행동도 그와 같을 것이라 생각했다. 하지만 재여를 본 뒤로는 반드시 말보다 행동을 보고 그를 판단한다."

# 진정으로 원하는 분야에 올인하라

**배원식**(금오공과대학교 전자공학부)

학점 4.2, 토익 905점에 사무자동화 산업기사, 정보처리기사, 한자 3급 자격증이 나의 취업 스펙이다. 뉴질랜드와 미국으로 어학연수를 다녀왔고, 전공과목 멘토, 국제교류 도우미, 태안반도 봉사활동을 했다.

학교생활에도 충실한 덕분에 스펙을 향상시킬 수 있었고, 그것이 취업 성공의 열쇠였던 것 같다. 우선 교과과정에 충실했고, 거기서 파생되는 프로젝트나 과제에도 적극적으로 참여했다. 그 결과 다른 취업 준비생들 부럽지 않은 학점을 취득할 수 있었다. 또한 기숙사 생활을 3년 동안 하다 보니 자연스럽게 학교생활에 애착을 갖고 다양한 활동을 할 수 있었다. 이것을 통해 나의 역량이 한 단계 높아졌을 뿐 아니라 선후배, 교수님들과의 관계 등 인적 네트워크도 넓힐 수 있었다.

  면접 관련 자료들을 접하면서 예상 질문에 대한 답변을 고민했
다. 반대로 면접관의 입장에서 생각해 보기도 했다. 취업을 준비하
는 몇몇 친구들과 스터디 그룹을 만들어 모의 면접으로 실전 경험을
쌓았고, 교내 혹은 타 학교에서 열리는 취업 대비 관련 강의를 쫓아
다니며 끊임없이 새로운 정보를 수집했다.

  한 번은 A사와 B사의 면접전형이 공교롭게도 같은 날에 실시되
었다. B사는 국내 5대 그룹 중 하나였고 A사는 설립된 지 2~3년밖
에 되지 않은 신생기업이었다. 두 회사 모두 놓치기 아까웠지만 나
는 주력 분야나 기술력 면에서 좀더 신뢰할 수 있는 A사 면접에 응
시했다. 불합격 통지를 받았을 때 친구들에게 조건이 더 좋은 B사를
왜 그냥 포기했는지 이해할 수 없다는 말을 듣기도 했다. 그러나 내
선택에 후회는 없다. 결과적으로는 현재 직장과 더 좋은 인연을 맺
기 위한 하나의 과정이었던 것 같다.

  취업 과정에서 늘 아쉬움으로 남았던 점은 면접을 볼 때 너무 긴
장했던 것이다. 긴장하지 말고 있는 그대로이 내 모습을 보여주자고
수없이 다짐했는데, 막상 면접에 들어가면 긴장해서 자신감이 없어
보였던 것 같다.

## ● 취업 준비하는 후배들을 위한 조언

막연한 생각으로 취업을 꿈꾸지는 말았으면 좋겠다. 많은 취업 준비생들이 회사에 지원할 때 A사는 복지가 좋고, B사는 연봉이 높다는 등의 비교를 많이 한다. 나도 그랬다. 하지만 무엇보다 중요한 것은 자신이 하고 싶은 일을 찾는 것이다. 조금만 더 길게, 조금만 더 깊게, 조금만 더 멀리 생각해 보자. 하고 싶은 일을 하는 자신의 모습과 어쩔 수 없이 일하는 사신의 모습을 그려본다면, 지금 당장의 조건은 큰 문제가 아님을 깨닫게 될 것이다. 그리고 마음을 잘 다스리길 바란다. 취업이 생각처럼 잘 안 된다고 해서 기죽거나 열등감에 빠지지 말고 자신감을 가졌으면 좋겠다. 취업은 몇 번 고배를 마시더라도 반드시 이룰 수 있는 목표 가운데 하나일 뿐이다.

실수를 성공으로 반전시켜라 | 질문의 의도를 파악하라 | 첫인상이 당신의 이미지를 결정한다 | 경험이 지식을 이긴다 | 면접은 토크쇼가 아니다 | 자신감으로 숨은 능력을 끌어내라 | 스토리텔링이 힘이다 | 튀지 말고 어울려라 | 면접관의 취향에 맞춰라 | 회사와 직무에 어울리는 옷차림을 하라 | 승패는 사소한 행동에서 갈린다 | 살아 있는 눈빛을 만들어라 | 자기소개서에 '파리'를 그려넣어라 | 압박 면접을 돌파하라

# 22
# 실수를 성공으로 반전시켜라

나는 내 인생에서 수없이 실패했다.
그것이 내가 성공한 이유다.
• 마이클 조던 •

"긴장한 탓에 엉뚱한 애기만 늘어놓았죠. … 한잔 했어요, 속상한 마음 달래려고. … 한 번의 실수쯤은 눈감아줄 수 없나요. … 더 잘할 수 있었는데…."

몇 년 전 대학가요제에서 대상을 받은 익스Ex의 '잘 부탁드립니다' 라는 노래의 일부다.

"면접에서 예상 못한 질문에 대답을 못했는데, 그 뒤로 너무 당황해서 아무 말도 못했어요. 그 심정을 노래한 거예요."

보컬 이상미가 대기업 면접에서 실수를 연발해 떨어진 그 실패담을 발랄하게 노래로 만든 것이란다.

필자 역시 그런 경험이 있다. 응시번호 33번. 합격자 발표가 신문에 나던 시절, 삼성그룹 공채였는데 1지망으로 삼성석유화학을 썼다.

필기시험을 통과한 뒤 면접을 보러 갔다. 세 사람씩 면접장 안으로 들어갔는데, 필자가 제일 처음이었다. 들어가자마자 의자에 그냥 앉았는데 나머지 둘은 그대로 서서 필자에게 눈치를 주는 것이었다. '왜 그러지?' 아, 순간 생각이 났다. 얼른 일어나 '차렷, 경례!' 구령한 후 "33번 ○○○입니다" 라고 큰소리로 말한 뒤 앉았는데 머릿속이 하얘졌다. 그 뒤로 필자는 멍하니 앉아 있었고, 면접관 누구도 필자에게 질문을 하지 않았다. 나머지 둘에겐 질문이 쏟아졌는데 말이다. 실수하면 질문도 못 받는다고 하던데 이젠 기회도 없을 거란 생각이 들었다.

면접시간이 거의 끝나갈 무렵 한 면접관이 서류를 넘겨보며 물었다.

"33번, 이 회사(삼성석유화학)에 왜 지원했나?"

"제 전공이 화학입니다. 중화학공업이 발전 가능성이 많고 전공이랑 맞아서 지원했습니다…."

"그런 곳 중 아는 회사 있으면 말해 보게나."

동종업계를 물어보는 것이었다. 언뜻 생각이 났다.

"울산석유화학입니다."

그러자 면접관이 피식 웃었다.

"거긴 공업단지 아니었나? 울산석유화학공업단지. 우리 회사도 거기 있네."

'앗, 실수했구나.' 그러니까 순발력만 갖곤 안 되는 것이다. 정확한 정보와 지식을 갖춰야 한다.

'아, 이젠 완전히 떨어졌구나' 내심 조마조마했으나 겉으론 태연한 척 당당한 태도를 유지했다. 면접관이 지나가듯 물었다.

"꼭 삼성석유화학이어야 하나? 거기 아니면 근무 안 할 텐가?"

그것은 기회였다. 나는 큰소리로 대답했다.

"시켜만 주시면 분골쇄신하겠습니다…."

그렇게 실망스런 면접을 마치고는 집에 연락도 안 한 채 하숙집에 들어가 한동안 두문불출했다. 1주일이 지났다

하숙집 주인아주머니가 "이리로 나와 보게나" 하며 문을 두드렸다. 주인아주머니는 〈중앙일보〉의 합격자 발표란을 가리켰다. "여기 자네 이름이 있어! 합격이네! 근데 우리 아들놈 이름은 없네."

그런 우여곡절을 겪고 결국 삼성에 입사하게 된 것이다.

사람들은 대개 한 번 실수하면 끝이라고 생각하지만, 면접관의 입장에서는 한 번의 실수로 합격 여부를 결정하지 않는다. 그러니 실수하면 바로 만회하려고 노력해야 한다. 당황할 이유가 없다.

면접관이 지원부서 이외에 다른 부서로 갈 생각은 없는지 물

어보는 경우가 있다. 지원부서에는 공석이 없지만 놓치기는 아쉬울 때 응시자에게 던지는 질문이다. 그 기회를 반드시 잡아야 한다. 이는 남녀간에도 마찬가지다. "내일 시간 있어요?" 마음에 들어 슬쩍 떠보는데 매몰차게 "바쁜데요" 라고 말하지 말라는 것이다. "내일은 없고,… 모레는 시간 있어요." 이런 센스를 발휘해야 한다.

하지만 노력을 해도 기업 면접에서 여러 차례 떨어지면 다른 길을 모색하는 것도 한 방법이다. 익스의 이상미처럼 하루아침에 스타가 될지 누가 알겠는가. 그래도 혹시 준비를 잘해서 면접에 합격했다면 그녀의 인생은 어땠을까 상상해 본다. 말단직원으로 좌충우돌하면서 임원이 되고 최고경영자로 올라가는 단계를 밟고 있지 않을까. 그래서 세계에 이름을 날리는 멋진 CEO로 변신을 꿈꾸고 있지 않을까.

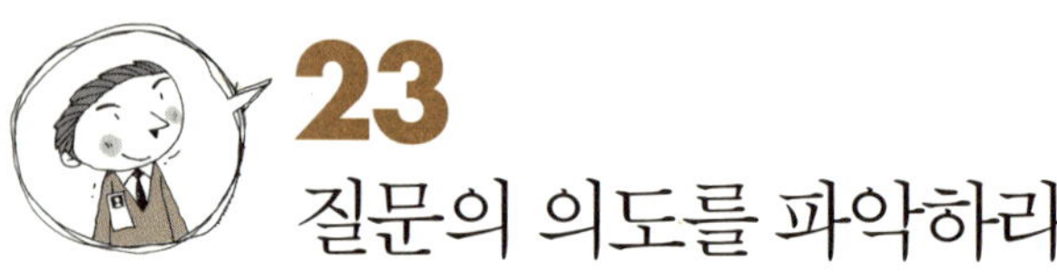

# 질문의 의도를 파악하라

질문은 생각을 자극한다. 질문은 질문을 하는 사람과
질문을 받는 사람의 사고를 자극한다.
• 도로시 리즈 •

로열티를 확인하는 질문이 있다.

"당신은 이 회사에서 무엇이 되고 싶습니까?"

"어디까지 승진하고 싶습니까?"

장기근속과 그 회사의 승진체계를 알고 있는지 알아보는 질문이다. 응시자 중에는 "대기업에서 경험을 쌓은 후 창업을 하려고 합니다"라고 너무나 솔직하게 답변하는 사람이 있다. 솔직함은 좋다. 그런 사람을 채용하기도 한다. 하지만 한편으론 창업을 하겠다는 사람을 뽑아야 하는지 고민에 빠진다. 이 사람에게 투자를 해야 할 필요가 있을까라는 생각 때문이다.

"이 회사에서 이루고 싶은 꿈이 있습니까? 무엇입니까?"

"10년 후에는 무엇을 하고 있을 것 같습니까?"

이에 대한 답변을 통해 응시자가 우리 회사에 오래 근무할 사람인지 아닌지 나름대로 추측한다.

"삼성 명예의 전당에 올라가고 싶습니다."

이런 발랄한 대답을 들어보고 싶다. 그만한 각오와 의지가 있는 사람이라면 바랄 나위 없을 것이다.

흔한 질문들을 통해 면접관은 지원자에 대해 다각도로 판단하게 된다. 질문의 의도에는 몇 가지 패턴이 있다.

첫째, "장점이 뭔가요?", "왜 우리 회사가 당신을 채용해야 하죠?", "당신은 우리 회사에 어떤 기여를 할 수 있습니까?", "당신의 10년 후 비전은 뭔가요?" 등은 '우리 회사가 찾는 인재상에 얼마나 근접한 사람인가'를 묻는 질문이다.

둘째, "취미가 뭡니까", "좋아하는 운동은?", "여가시간에는 뭘 하죠?", "어떤 사람들과 주로 만나나요?", "교우관계는 어떤가요?" 등은 '얼마만큼 활동적이고, 얼마나 대인관계가 원만한 사람인가'를 알고자 하는 질문이다.

셋째, "지원동기가 뭐죠?", "그 많은 회사 중에 왜 우리 회사를 지원했어요?", "우리 회사를 어떻게 생각하죠?", "우리 회사의 이미지가 외부에서는 어떤가요?" 등은 '우리 회사를 얼마나 관심 있게 연구했는가'를 알아보고자 할 때 던지는 질문이다.

넷째, "당신은 어떤 단점이 있나요?", "자신의 마음에 안드는 점은 무엇인가요? 어떤 점을 고치고 싶어요?", "후회하는 것이 있다면?" 등은 '자신에 대해 얼마나 솔직하게 표현하는가'를 판단하려는 질문이다.

질문의 의도를 정확하게 파악한 다음 그에 맞는 답변을 할 수 있도록 충분히 연습하자. 그러나 교과서식 답변을 외우는 것은 금물이다. 질문에 정답은 없다. 자신만의 생생한 경험을 녹여 창의적이고 열정적인 모습을 보여주면 된다.

# 준비된 사람에게 기회의 문이 열린다

빈희정 (부경대학교 전자정보통신공학과 )

학점 3.5, 토익 855점, 토익 스피킹 LV 6에 사무자동화 산업기사, 무역영어 3급, 워드프로세서 2급 자격증이 내가 준비한 취업 스펙이다. 또한 영국어학연수를 1년간 다녀왔고, 부산국제음악제 때 자원봉사 활동도 했다.

나는 영어회화 동아리 회장으로서 외국어 능력을 키우는 데 게을리하지 않았다. 주변의 취업 준비생들과 함께 목표를 세워 달성하려고 노력했다. 그 결과 토익, 토익 스피킹은 물론 무역영어 자격증까지 취득할 수 있었다.

면접 준비는 취업 스터디에서 모의 면접을 통해 실전처럼 연습했다. 덕분에 점점 긴장감을 줄일 수 있었고, 모의 면접 중 연습했던 질문을 실제 면접에서 받는 행운도 누렸다.

하지만 6월 초 직무적성시험을 치기 위해 서울 연수원으로 향할 때 아찔한 순간도 있었다. 지방에 살기 때문에 서울 지리를 잘 몰라 택시를 탔다. 약도만 보여주고 연수원으로 가달라고 했더니, 택시기사는 길을 잘 모른다고 하면서 전화번호도 없이 약도만 들고 탔다며 오히려 핀잔을 주었다. 114에 전화번호를 물어보라고 윽박지르기까지 했다. 게다가 연수원이 역 가까이에 위치해 기본요금 정도 나올 거라고 알고 있었는데, 택시기사가 일부러 길을 돌아가고 있다는 느낌마저 들었다. 시험시간이 다가오는 나로서는 도저히 택시기사를 믿을 수가 없어 바로 내려버렸다. 그리고는 지나가던 사람들에게 길을 물어 무작정 걷기 시작했다. 시간에 늦어 시험을 칠 수 없을지도 모른다는 생각이 들자, 택시기사의 야박함에 눈물이 날 지경이었다. 그때의 경험을 통해 나는 면접장소를 미리 알아두는 것과 같은 사소한 일 하나라도 가벼이 여겨서는 안 된다는 깨달음을 얻었다.

면접 때는 다행히 내가 거의 마지막 순서였다. 긴 기다림 끝에 면접실로 향했고, 드디어 면접관들을 마주할 수 있었다. 후덥지근한 날씨 탓인지, 아니면 너무 많은 지원자들을 대해서인지 면접관들의 첫인상 또한 조금은 지쳐 보였다. 면접이 시작되고 나는 준비했던 대로 침착하게 답변을 해나갔다. 앞서 말했듯이 모의 면접에서 주고받았던 질문이 실제 면접에서도 등장하는 행운을 누리기도 했다. 역시 준비한 만큼 행운도 따른다는 걸 깨닫게 되는 순간이었다.

## ● 취업 준비하는 후배들을 위한 조언

준비된 사람에게는 늘 기회가 찾아온다. 조급한 마음은 잠시 버리고, 밝은 미래를 내다보면서 항상 자기계발을 꾸준히 하길 바란다. 나 또한 취업 준비 초기에는 늘 조급하고 불안한 마음이었다. 하지만 마음을 다잡고 취업을 준비하는 그 시기가 자신의 능력을 향상시킬 수 있는 기회다. 100살까지 산다고 가정하면 우리는 아직 3분의 1도 살지 않았다. 취업 준비를 단순히 먹고실기 위한 수단을 찾는 과정이라 여기지 말고 인생이라는 긴 여정에서 반드시 지나야 하는 새로운 길이라고 생각하길 바란다. 똑같은 길이라도 어떤 사람에게는 지루하고 고통스러울 수 있지만 다른 누군가에는 즐겁고 재미난 길이 될 수도 있다.

# 24 첫인상이 당신의 이미지를 결정한다

오늘은 내 생애 최고의 날이다.
내일은 더 나은 날이 될 것이다.
• R.A. 캠벨 •

인사담당자는 지원자의 외모와 옷차림을 비롯해 첫인상, 입사의지, 면접 태도, 말투, 면접시간 준수 등으로 비교적 빨리 점수를 매기지만 불합격 예상 지원자에 대해서도 끝까지 면접을 진행한다. 질문의 양과 유형, 면접시간 등에서 예비 합격자와 차이를 두기는 한다. 질문을 적게 하거나 주로 수박 겉핥기식의 쉬운 질문을 하며 면접시간을 줄인다는 것이다.

두 명의 하버드 심리학과 교수들이 실험을 했다. 먼저 어떤 교수가 학생들에게 가르치는 모습을 비디오로 찍었다. 그것을 2초 분량의 비디오테이프로 만들어 그 교수를 전혀 알지 못하는 낯선 사람들에게 보여주고 평가를 부탁했다. 그런데 놀랍게도 그들의 평가가 한 학기 동안 수업을 들은 학생들이 내린 평가와 거의 같았다고 한다. 그러니까 사람들은 상대방의 얘기가 아니라, 상대방을 만나 단 몇 초 동안에 받은 인상을 토대로 상대방을 평가한다는 것이다. 그리고 처음 몇 초 동안에 받은 인상은 차후 어떤 일이 일어나도 쉽게 바뀌지 않는다는 것이다.

이 실험을 통해 첫인상이 사람들의 판단에 얼마나 영향을 주는지 알 수 있다. 면접관에게 좋은 첫인상을 심어줘야 면접에서 유리하다는 말이다. 그렇기 때문에 자기에게 어울리는 이미지 메이킹을 배워야 한다.

이미지 메이커로서 케네디 대통령을 빼놓을 수 없다. 1960년 미국 대통령 선거에서 케네디 후보는 정치적 인지도나 경륜에서 공화당의 리처드 닉슨 후보에게 크게 뒤졌지만, 처음 실시된 TV 토론으로 전세를 뒤집었다. 국정운영 철학이나 정치력보다는 멋진 외모나 단호한 태도 등 이미지 메이킹으로 사람들의 마음을 움직인 결과다.

누구나 본인이 생각하기에 좋은 이미지를 타인에게 전달하려고 한다. 그러나 그 이미지는 거울에 비치는 자신의 모습이 아니다. 상대방의 눈동자에 비춰지는 모습이 바로 자신의 진정한 이미지다.

# 25
# 경험이 지식을 이긴다

질문이 아닌 답변으로 사람을 판단하라.
• 볼테르 •

면접에서 반드시 하는 질문이 있다.

"자기소개를 간략하게 해보세요."

"왜 우리 회사에 지원했습니까?"

"장래희망이 무엇입니까?"

그 뒤 곁다리로 압박질문을 하는데 이런 식이다. (주로 3명씩 비교 면접을 본다.)

첫번째 응시자에게 면접관이 묻는다.

"애인 있어요?" "네. 있습니다." "연애하느라 공부 못했겠구만."

두번째 응시자에게 똑같이 묻는다.

"애인 있어요?" "없습니다." "애인도 없어요? 능력이 없구만."

세번째 응시자에게도 똑같은 질문을 던진다.

"애인 있어요?" "⋯⋯."

세번째 응시자는 어떻게 대답해야 할지 당황하여 머뭇거리게 된다. 어떻게 답변하느냐. 정답은 없다. 어떻게 대응하는지 지원자의 태도와 자세를 보고 판단할 뿐이다.

선불교의 수산 스님은 죽비를 내밀며 제자에게 말했다. "네가 이것을 죽비라 부르면 너는 사물의 본질을 왜곡하는 것이다. 만약 이것을 죽비라 부르지 않는다면 너는 현실을 무시하는 것이다. 그렇다면 너는 이것을 어떻게 부르겠느냐?"

이러한 선문답을 즐길 수 있는 여유가 있어야 한다. 시류에 흔들리지 말고 소신껏 대답하는 것이 좋다.

〈슬럼독 밀리어네어〉라는 영화가 있다. 인도 뭄바이의 빈민촌에서 자란 18세 청년 자말이 TV 퀴즈 프로그램에 나가 백만 달러의 상금을 획득하는 과정을 그린 영화다. 빈민촌 출신의 자말이 어려운 퀴즈 문제를 척척 맞히니 프로그램 관계자들은 그가 속임수를 쓴다고 의심하며 경찰에 신고까지 한다. 하지만 자말은 몸으로 직접 부딪히며 경험했기 때문에 쉽게 맞힐 수 있었을 뿐이다. 이렇듯 이 영화는 경험이 최고의 지식임을 설파하고 있다.

경험으로 체화된 지식은 강력한 법이다. 그러니 구직자 여러분도 스펙관리에 목매지 말고 인생의 진짜 주인으로서의 경험을 많이 하길 바란다.

마이크로소프트의 빌 게이츠는 직원 채용 때 반드시 실패한 경험이 있는 사람들을 우선적으로 뽑았다고 한다. 아픔을 이겨낸 사람들에게 실패의 경험은 또 다른 에너지로 승화될 것이라고 믿었기 때문이다.

비슷비슷한 스펙보다는 남들과 다른 경험이 중요하다. 그러니 실패의 경험을 두려워하지 않길 바란다. 그 모든 경험들이 면접 때 강력한 힘을 발휘할 것이다. 설령 면접에서 제 실력을 못 보여주었다 해도 예기치 못한 상황에 부딪히면, 도서관에서 공부만 한 사람과는 달리 대처능력이 훨씬 뛰어날 것이다. 멀리 내다보면 이런저런 삶의 경험을 많이 한 사람이 결국엔 이기게 되어 있다.

# 26
# 면접은 토크쇼가 아니다



면접에서 사람을 평가할 때, 일반적으로 그 사람의 말투와 안정감과 가치관을 본다. 진솔한 말투는 상대에게 신뢰를 준다. 그리고 가능한 존댓말을 쓰는 것이 좋다. 간혹 친밀감을 드러낸다고 "…했는데요, …그런데요, 어쨌는데요" 이렇게 말하는 사람이 있는데, 오히려 예의 없게 비친다. 면접시험은 토크쇼가 아니다. 착각하지 않았으면 한다. 면접관은 지원자의 좋은 점만이 아니라 나쁜 점도 찾는다. 좋은 인재를 골라내야 하기 때문이다. 물론 단점만 보는 것은 아니다. 잠재된 가능성과 좋은 점을 보려고 애쓴다.

면접을 대비해 말의 어조, 리듬, 목소리, 띄어쓰기 등을 고려하여 말하는 연습을 하는 것이 좋다. 연습상대로는 친구보다는 면접관들과 연배가 비슷한 분들이 더 좋다. 대개의 면접관은 40~50대다. 그들의 가치관과 생각, 그들의 태도를 미리 익혀두는 것이 도움이 된다.

안정감이란 지원자가 충분히 생각해서 답변하는가를 보는 기준이다. 안정감은 곧 신뢰와 연결된다. 압박질문을 하는데도 흔들림 없이 대응한다면, 그리고 밝은 표정을 끝까지 유지한다면 좋은 점수를 얻는다.

사용하는 단어나 어조, 분위기로 그 사람의 내면세계가 표출된다. 거기에는 지문처럼 자기만의 개성이 묻어나 있다. 한 질문에 어느 누구도 똑같은 대답을 하지 않는다. 격하거나 부정적인 단어를 사용하지 않는지, 세상을 긍정석으로 바라보는지 등을 꼼꼼히 살핀다. 말 속에는 그 사람의 가치관이 들어 있기 때문이다.

이를테면 왜 안경을 썼느냐고 물으면, "뭘 그런 걸 물어요. 눈이 나쁘니까 썼죠"라고 퉁명스럽게 대답하는 사람이 있는가 하면, "세상을 더 잘 보려고 썼어요"라고 웃으며 말하는 사람도 있다.

당신이 면접관이라면 누구를 뽑겠는가?

잭 웰치가 GE의 입사 면접에 응시했을 때, 면접관이 물었다

"말 더듬는 습관 때문에 곤란했던 적은 없었나요?"

그때 잭 웰치는 이렇게 대답했다.

"말 더듬는 습관이 있다는 것을 대학에 들어가서야 알았습니다. 한번은 참치 샌드위치를 시켰는데요, 제가 '참, 참치tu-tuna 샌드위치 주세요' 했더니 샌드위치가 두 개two tuna 나오더라고요. 그런데 지금은 그게 오히려 편해졌습니다. 아내 것을 따로 시킬 필요가 없거든요."

인생은 고통 자체라고, 되는 일이 없다고, 왜 나만 이런 일이 생기는지 모르겠다고, 힘들어 죽겠다고 불평하는 사람과 일하고 싶은 사람은 없다. 상사 또는 사장이 면접관이라면 잭 웰치처럼 약점을 강점으로 바꿀 줄 아는 사람, 역동적이고 희망이 넘치는 사람, 같이 일하고 싶은 사람을 뽑을 것이다.

# 27
# 자신감으로
# 숨은 능력을 끌어내라

훌륭한 챔피언이 되려면 당신 자신이 최고라고 믿어라.
설령 당신이 최고가 아니어도 최고인 것처럼 행동하라.
• 무하마드 알리 •

누구든지 자신의 18번 노래를 부를 때면 가수가 된다. 18번은 자신 있게 부를 수 있기 때문이다. 자신감은 자신에게 거는 주문이고 마술이다. 그래서 보잘것없는 사람도 한순간에 주인공으로 돋보이게 만든다.

《멈추지 않는 도전》에서 박지성은 이렇게 밝히고 있다.

"나는 언제나 경기장에 들어서기 전에 이런 주문을 외운다. '내가 이 경기장에서 최고다. 이 그라운드에서는 내가 주인공이다. 여기 22명의 선수가 있지만 나보다 나은 녀석은 아무도 없다.'

평소 내 성격을 아는 사람이라면 이런 주문이 다소 의외일 것이다. 수줍음이 많고 내성적인 편이지만 경기에 들어가기 전에 나는 마인드 컨트롤을 통해 자신감을 충전한다.

그라운드에서 좋은 플레이를 하기 위해 축구선수에게 무엇보다 중요한 것은 자신감이다. 자신감이 없으면 아무리 뛰어난 선수라도 절대 기량을 마음껏 펼칠 수 없다. 엄청난 야유가 난무하는 유럽의 원정경기에서는 더욱 그렇다."

면접장에서도 자신감이 무엇보다 큰 무기다. 자신감을 가지려면 지원한 회사에 대해 미리 사전조사를 하고 철저하게 준비를 해야 한다. 지원 회사에 대해 많은 정보를 갖고 있으면, 답변하기도 수월하고 그만큼 자신감도 생긴다. 18번 노래처럼 끊임없이 연습하고 자주 부르다 보면 잘 부르게 되는 것과 같은 이치다.

하지만 자신감이 지나쳐 오만하게 보여서는 안 된다. 잘 알지 못하면서 아는 척하는 것도 삼가야 한다. 면접관은 지원자의 정답을 기대하는 것이 아니라 대답할 때의 자세와 태도를 보려는 것이므로 재치 있고 당당하게 대응하면 된다.

# 최고의 취업 준비는 경험이다

**양선영**(이화여자대학교 경영학과)

이화여대 경영학과를 다니면서, 학점 3점 후반(4.3 만점), 토익 900점 초반, 오픽 IM등급에 Mos Master 자격을 준비했다. 삼성생명 HRD 센터(교육 분야), 온미디어 채널 투니버스(마케팅 분야) 등 두 번의 인턴과 PR컨설팅 펌 등 다양한 아르바이트를 접했다. 이화교육봉사단, make a wish(난치병 환자 소원성취 봉사활동) 등의 봉사활동과 학술단체 GLC 정회원 및 학생 운영단, 동문회장 등을 맡으면서 리더십을 배웠다.

나는 스펙보다는 관심 분야의 실무 경험을 쌓기 위해 노력했다. 교육 분야(HR)로는 삼성생명 HRD센터 인턴 경험과 학술단체 GLC 학생 운영단 내 교육기획팀 활동, 홍보 · 마케팅 분야로는 온미디어 대학생 객원 마케터 경험, PR컨설팅 분야로는 에델만코리아(Edelman Korea)의 인포메이션 팀 활동이 도움이 되었다. 그밖에 영화제, 음악제 등에서 자원봉사 활동을 했고, 마라톤에도 참가했다.

　면접은 주 2회 면접 스터디 모임에서 PT · 토론 · 인성 면접 등 모의 면접을 통해 실전 감각을 익혔다. 면접 전형을 앞두고는 해당 회사의 면접 내싱자들과 함께 한시적으로 스터디 모임을 만들어 회사 정보와 면접 후기 등의 정보를 공유하고 모의 면접도 실시했다. 학교 내 경력개발센터도 적극 활용하여 센터 내 모의 면접 및 컨설팅을 받기도 했다.

　내게 있어 최고의 면접 준비는 '경험' 이었다. 다양한 면접 또는 유사 경험을 통해 스스로 학습하고 질문 리스트나 답변 내용을 정리해 하나의 파일로 작성했다.

　여러 회사에 지원하다 보니 면접이나 필기 전형에서 같은 사람을 계속 만나기도 했고, 하루에 두 개 회사의 필기 전형을 치른 적도 있었다. 첫번째 회사의 필기시험 후 두번째 회사 시험시간에 맞춰 도착하기까지 긴박했던 순간을 떠올리면 지금도 아찔하다.

● **취업 준비하는 후배들을 위한 조언**

취업에서 가장 중요한 것은 첫번째로 '자신감' 이라고 생각한다. '자신감' 은 그냥 생기는 것이 아니다. 내가 선택한 직무를 좋아하고, 또한 얼마나 잘 해낼 수 있느냐에 따라 자신감의 크기도 달라진다. 또 자신감은 하루아침에 만들어지는 것이 아니다. 다른 사람들과 함께 하는 경험을 통해 실패와 성공을 맛보면서 자신감은 한 단계씩 업그레이드되는 것이다. 면접 때 '자신감' 을 내보이고 싶다면, 대학시절부터 자신의 꿈을 위해 꾸준하게 준비하고 개발하는 과정이 반드시 필요할 것이다.

# 28
# 스토리텔링이 힘이다



《성공하는 사람들의 7가지 습관》의 저자이자 유명한 경영 컨설턴트인 스티븐 코비. 그가 어느날 뉴욕의 지하철을 타고 가는데 아이들이 아주 시끄럽게 떠들었다. 그런데도 아이들의 아버지로 보이는 남자는 고개를 푹 떨구고 눈을 감고 있었다.

코비가 남자에게 말했다.

"아이들에게 좀 조용히 하라고 하는 게 좋지 않겠소?"

남자는 코비를 쳐다보고 힘없이 고개를 끄덕였다.

"예, 정말 미안합니다. 하지만 저는 지금 무엇을 어떻게 해야 할지 모르겠습니다. 한 시간 전에 아이들의 엄마가 세상을 떠났

거든요. 저는 지금 눈앞이 캄캄할 뿐입니다.”

그 말을 듣고 나자 코비는 그 남자와 아이들이 전혀 다르게 보였다. 지금까지 교양이라곤 없는 사람으로 보이던 남자는 아내에 대한 애정이 깊은 남편으로, 그리고 버릇없는 것처럼 보이던 아이들은 엄마를 잃은 가엾은 천사로 보이기 시작한 것이다. 이것이 바로 스토리의 힘이다.


취업 준비생들은 높은 토익·토플 점수나 각종 공모전 입상, 인턴 경험 등 화려한 스펙 쌓기에 열중하고 있지만, 그것만이 합격을 결정하는 요소는 아니다. 그런 모든 활동들이 자기만의 독특한 스토리와 결부될 수 있어야 강력한 힘을 발휘하는 것이다. 따라서 스토리텔링 기법을 활용하여 자신에 대해 재미있고 흥미롭게 표현하는 자기소개서 작성에 관심을 기울여야 할 것이다. 이미 광고에서 효과적으로 활용하고 있는 스토리텔링은 상품의 가격과 이미지만을 밋밋하게 보여주는 게 아니라 상품에 얽힌 이야기를 가공하거나 관계자들의 이야기를 들려주는 방법으로 고객들에게 얘기한다. 따라서 스토리텔링 기법을 이용한 자기소개서에서 자신의 역정과 가치관, 그리고 이력과 자질, 능력을 생생한 에피소드에 담아 기술한다면 자신의 흥미로운 이미지를 인사담당자에게 전달할 수 있다.

# 29
# 튀지 말고 어울려라



"저는 권투가 취미입니다. 톡톡 튀는 취미만큼이
나 열정으로 회사에 새로운 활력을 불어넣겠습니다."

지원자들은 면접관들이 개성이 넘치고 톡톡 튀는 사람을 좋아
할 것이라고 여긴다.

"저는 톡톡 튀는 사람입니다."

지원자가 이렇게 자기소개를 하면, 면접관들은 속으로 '니가
벼룩이냐, 톡톡 튀게?' 라고 생각한다는 것이다. 특히 어려운 상
황을 겪고 있는 기업들은 톡톡 튀는 인재보다는 성실하고 끈기
있게 위기를 타개해 나갈 수 있는 인재를 더 선호한다.

히딩크 감독이 2002년 월드컵 선수 선발을 할 때, 이천수는 확

실히 튀는 플레이를 하는 선수였다고 한다.

"발재간이 좋고 재목이 될 수 있겠다 싶었지만, 잘난 척하고 튄다는 느낌을 받았다. 어린 선수가 기자들에게 둘러싸여 있는 것도 마음에 늘지 않았다. 그래서 일부러 이천수를 무시하기로 했다. 기고만장한 선수는 기를 꺾어놓고 시작하는 것이 기본이니까. 기자들이 그에 대해 어떻게 평가를 하는지 물었을 때, '그냥 그렇다' 며 시큰둥한 반응을 보였다. 기술은 있지만 너무 가벼운 것 같고, 진정한 프로가 되려면 아직 멀었다고 혹평을 했다. 이후 코칭스태프를 통해 그를 지켜보면서 연락을 했다. 대표팀에 들어오고 싶으면 튀어서는 안 된다는 게 첫번째 조건이었다."

히딩크의 말처럼 팀플레이에서는 혼자만 튀어서는 안 된다. 팀워크가 중요하다. 그래도 튀고 싶은가? 그럼 차라리 창업을 해라.

# 30
# 면접관의 취향에 맞춰라

창의성은 고갈되지 않는다.
그것은 쓰면 쓸수록 더 많아진다.
• 마야 앙젤루 •

회사 분위기니 직업군에 따라 다소 차이가 있겠으나, 외모를 통해 창의성을 살펴보기보다는 평소의 성실한 면모를 판단하려는 것이 면접의 목표다.

이는 실제 스카우트가 기업 인사담당자 대상으로 조사한 결과만 봐도 알 수 있다. 즉 튀는 헤어 스타일이나 진한 화장, 화려한 의상에 대한 선호도는 낮게 나왔다. 오히려 자신감 있는 태도와 단정한 외모에 높은 점수를 주었다.

그러나 일부 사람들은 기업이 색깔 있는 인재를 원한다고 하여 찢어진 청바지에 치렁치렁 액세서리를 달고 다니는 것을 개성이라고 착각한다. 그것이 또 창의적인 인간임을 보여주는 것이라고 오해한다. 창의성은 성실함에서 나온다. 겉모습으로 쉽게 드러나는 것이 아니다.

성격의 다름은 무한대이나, 외견의 다름은 문화와 시대상황에 따라 폭이 다를 뿐이다. 사회적 분위기나 직업에 따라 옷차림을 달리해야 하지만, 내적인 개성에 좀더 집중해야 한다.

남자가 화장을 하거나 성형을 하는 것은 말리지 않는다. 자기의 약점을 보완하는 차원에서 하는 것이라면 말이다. 그러나 지나치면 독이다. 어느 선까지는 허용하는데 그 범위를 넘어서면 가차없다.

요즘은 문신이 유행하고 있다. 자신의 개성을 표현하는 하나의 패션 아이콘으로 자리 잡은 듯하다. 영화나 드라마 속에서 문신은 배우의 캐릭터를 나타내는 상징적 이미지다. 〈프리즌 브레이크〉에서 마이클 스코필드의 몸에 새겨진 문신, 그 안에는 감옥의 설계도면과 탈출방법이 숨겨져 있다. 정말 대단해서 탄성이 저절로 나온다.

그러나 면접관의 입장에서는 어떻게 생각할까? 지원자가 문신을 했다면 외면당할 수밖에 없다. 기업문화가 기존의 틀을 벗어나 자유로워지고 개성이 매우 강조되고 있지만 여전히 면접을 보는 평가자들은 전통적인 가치관을 가지고 있는 40대 이상이 대부분이기 때문이다. 따라서 옷차림이나 외모는 이들의 취향에 맞추는 것이 필요하다.

# 'State of Mind!', 마음 상태가 중요하다

윤대원 (영남대학교 전자공학과)

나는 영남대학교 전자공학과를 졸업했고, 학점 3.42(만점 4.5), 토익 895점에 전기기기기능사, 워드프로세서 1급, 태권도 공인 4단 자격증이 있다. 군에서 태권도 교관, 대학에서 단과대학 학생회장을 지냈다. 회사에 입사하기 전 몇 달 간 영재교육학원에서 지구과학 강사로 근무한 경험이 있다.

외형적으로 보이는 낮은 스펙 탓에 수차례 대기업 공채 서류전형에서 탈락했다. 그래서 우선 기업에서 원하는 최소한의 기준 요건을 갖추고 면접에서 내 역량을 마음껏 펼쳐 공채에서 보란 듯이 합격하겠다고 다짐하면서 스펙 향상을 위한 계획을 세웠다. 가장 먼저 토익 점수를 높이는 것이 목표였다. 그 당시 내 토익 점수는 500~600점대로, 삼성 공채 입사기준을 통과하지 못해 토익 스피킹으로 공채 지원 요건을 맞추던 상태였다. 그래서 토익 점수 1등급을 목표로

2001년부터 2008년 토익 기출 문제를 모두 풀었고, 토익 준비 4개월만에 목표를 이루었다. 그 덕분에 지원한 기업의 서류전형에 통과할 수 있었고 면접의 기회를 얻을 수 있었다.

내 최고의 상점은 누구 앞에서나 떳떳하게 내 의견을 말할 수 있는 자신감이었다. 학창시절 줄곧 학급반장과 학생회장을 맡았고 태권도 사범과 학원 강사를 경험해 본 덕분이다. 이러한 자신감을 바탕으로 열정, 도전정신, 패기를 면접관에게 보이기 위해 누구보다 당당하게 큰소리로 자기소개를 준비했고, 압박 질문에 당황하지 않도록 내 경험을 바탕으로 한 답변을 정리해 두었다. 또한 모의 면접을 통해 실제 면접의 엄숙한 분위기와 환경에 미리 대비했다.

그러나 많은 준비와 연습에도 불구하고 실제 면접에서는 많이 긴장되고 떨려 내 역량을 제대로 보이지 못했다. 경험과 스펙은 별로 내세울 만한 것이 없었기 때문에 누구보다 큰 목소리로 당당하게 자기소개를 했던 것이 합격의 요인인 것 같다. 그때를 되돌아보면 무슨 말을 했는지 기억도 나지 않고 아쉬움만 남는다.


● **취업 준비하는 후배들을 위한 조언**

'뜻이 있는 곳에 길이 있다!', '하면 된다!'는 믿음을 갖되 내가 부족한 점이 무엇인가를 정확히 인식하는 것도 중요하다. 나는 약 6~7개월 동안 취업을 준비하며 많은 실패를 경험하고 나서야 내 부족한 면을 볼 수 있었다. 지금 취업을 준비하는 후배들은 자신의 부족한 부분을 좀더 일찍 깨닫고 그 부분을 채울 수 있는 시간을 많이 가졌으면 좋겠다. 또한 자신이 지원한 회사가 어떤 상황에 있고, 그 회사가 어떤 인재를 필요로 하는지 생각해 보는 것도 중요하다. 내가 지원하는 회사는 2012년 매출 1조 원의 목표를 세우고 있었는데, 나는 그 정보를 듣고 '이 회사가 도전적이고 열정적인 신입사원을 필요로 할 것'이라 생각했다. 그래서 입사 과정에서 열정적이고 도전적인 모습을 보여주기 위해 노력했다. 내가 가장 좋아하는 영어 문장 중에 'State Of Mind!'라는 말이 있다. 모든 것은 정신 상태에 달려 있다는 것이다. 긍정적인 사고와 자신감 있는 행동으로 자신의 꿈에 한 발짝 다가서기를 바란다.

# 31

# 회사와 직무에<br>어울리는 옷차림을 하라



옷차림은 때와 장소와 하는 일에 어울려야 한다. 수영장에서는 수영복, 테니스장에서는 테니스복, 스키장에서는 스키복, 등산할 때는 등산복을 입는 것이 기본이고, 영업하는 사람은 깔끔한 정장이 적격이다. 그럼 면접 때는 어떤 옷차림이 좋을까?

면접 옷차림에서 가장 중요한 것은 면접관의 입장에서 자신을 볼 줄 알아야 한다는 것이다. 면접관이 자신에 대해 어떤 인상을 가질지 미리 생각해 보면 그에 따른 적절한 옷차림이 떠오를 것이다. 예컨대 면접관이 전문성을 갖춘 사람을 원한다면 옷차림으로 프로다운 모습을 보여줄 수 있다. 하지만 뭐니뭐니 해도 자신에게 잘 어울리는 옷을 입는 것이 가장 좋다. 보수적인 기업의 면접을 본다면 청바지 입기는 삼가는 것이 좋다.

해마다 면접형식이 바뀌는 S기업은 2007년 면접에서 드레스 코드를 '자유복장'으로 공지했는데도 적지 않은 지원자들이 정장을 입고 와서 청바지와 운동화 차림의 캐주얼로 자신감을 보여준 지원자들이 더 후한 점수를 받았다고 한다. 요령이나 기술로 적당히 포장하기에 앞서 지원한 직무분야에서 제대로 일할 수 있다는 내공을 보여주는 것이 좋다.

벤처기업은 1인 다역이 가능한 활동적인 인재를 선호하는 경우가 많으므로 약간의 변화를 주는 것도 좋다. 흰색 와이셔츠보다는 푸른색이나 베이지색을 입는 것이 좀더 활동적인 이미지를 줄 수 있다. 여성은 치마보다는 바지 정장으로 활동적인 스타일을 연출해 보는 것도 좋다.

컨설팅 회사나 외국계 은행 등은 일반적으로 엘리트 의식이 강하다. 이런 회사는 지적이고 세련된 이미지가 돋보이는 것이 좋다. 편안한 회색보다는 청색과 같은 짙은 계열의 색상이나 세로의 스트라이프가 있는 정장이 더 적합하다. 넥타이 핀이나 커프스 버튼 등의 착용도 세련된 이미지 연출에 도움이 된다.

'옷은 자신을 표현하는 최초의 커뮤니케이션'이라는 말이 있다. 특히 전쟁터를 방불케 하는 냉혹한 비즈니스 세계에서는 옷차림은 전략이요, 경쟁력 그 자체다. 따라서 남녀를 불문하고, 취미에 맞든 그렇지 않든, 옷 잘입는 사람이 되기 위해 최선을 다해야 한다.

# 32
# 승패는 사소한 행동에서 갈린다



1,000만 관중을 돌파했다는 〈해운대〉. 등장인물 중 단연 눈에 띄는 사람은 날건달 캐릭터의 오동춘이다. 그리고 내 귓속에 딱 박히던 그의 대사. "구두 한 쪼가리도 없는데 무슨 면접을 보러 가라고…(투덜투덜)."

쓰나미가 해운대를 덮치기 직전, 그날 아침, 동춘의 어머니가 평생 백수로 지낼 거냐면서 면접 한번 보라고 아들을 채근하자, 동춘이 내뱉은 말이다.

"구두 사주면 갈기가?" 달래듯이 부드럽게 되묻던 어머니. 친구들과 야유회 가려던 발걸음을 돌려 구두를 사러 갔으나 결국 쓰나미에 휩쓸리고, 거리에 흘러넘치는 물을 따라 무심히 둥둥

떠내려가던 구두 한 짝.

이병철 삼성그룹 선대 회장은 신입사원 면접 때 구두를 눈여겨본다고 했다. 구두에 먼지가 앉아 있거나 깨끗하지 못한 사람은 그 심성도 단정하지 못한 것으로 판단하여 대개 탈락시켰다.

구직자의 구두는 면접관의 위치에서 보면 눈에 잘 띈다. 흠이 되지 않도록 반짝반짝 닦아서 신어라. 손톱도 정결하게 다듬자. 무엇 하나 소홀히 해서는 안 된다. 구두 위의 먼지나 손톱 등 이런 디테일한 부분까지 신경을 써야 한다.


### ● 면접관이 뒤에서 지켜보고 있다고 생각하라

면접대기실로 가는 도중 이곳저곳 신기한 듯 두리번거리는 태도를 보이는 것은 금물이다. 면접담당자가 항상 자신의 바로 뒤에 있다는 생각을 잊지 마라. 느슨한 모습보다는 다소 긴장된 기색으로 단정한 모습을 유지하라.


### ● 다리를 떠는 등의 버릇을 보이지 말아라

대개 사람들은 긴장을 하면 가만히 있지 못한다. 손톱을 물어뜯거나 머리를 자꾸 만지기도 하며, 심한 경우 다리를 떨기도 하는데 이는 면접관에게 나쁜 인상과 불쾌감을 심어줄 수 있다.

● **대기실에서는 큰소리를 내지 말아라**

자신이 호명되어 대답할 때 이외에는 큰소리로 이야기 하지 마라. 아는 사람이나 동창생을 우연히 만나게 되면 반가운 마음에 큰소리로 떠들 수 있지만, 이는 면접 관계자에게 자칫 나쁜 인상을 줄 수 있다.

● **숙달된 태도를 감춰라**

이미 몇 차례 면접 경험은 익숙해져 있는 것은 좋지만 그것을 과시하는 행동은 좋지 않다. 다른 면접자를 도와준다는 명목으로 공연히 참견하는 일은 삼가야 한다.

● **은어나 유행어는 사용하지 말아라**

학교에서 사용하던 은어나 유행어를 면접장에서 서슴없이 사용하면 마이너스 감. 간혹 젊은 면접관이 분위기를 북돋우면 무의식적으로 은어나 속어 등을 사용하게 되는데 면접관은 그런 말투에서 당신의 교양을 체크하게 된다.

# 33
# 살아 있는 눈빛을 만들어라



"그 친구 눈빛이 좋아. 살이 있어."

어떤 사람에게서 좋은 인상을 받을 때 하는 말이다. 필자는 면접 때 전체적인 얼굴의 균형을 고려하지만, 무엇보다 눈빛이 주는 느낌을 중시한다. 거짓말 탐지기에도 딱 걸리는 것이 눈동자라고 한다. 눈동자의 미세한 떨림으로 거짓말 여부를 알아내는 것이다. 다른 것은 다 속여도 눈만은 속일 수 없다.

동물들은 기싸움을 할 때 서로를 노려본다. 일단 눈빛의 매서움으로 승부를 가린다.

이젠 서울대공원의 동물원을 구경하려면 다른 곳을 바라보고 있는 커다란 눈동자의 '동물관람용 안경'을 써야 한다. 눈이 마주치면 동물들이 싫어하기 때문이라고 한다. 낯선 이가 눈을 맞춘 채 자신을 응시하면 도전해 오는 것으로 착각하여 흥분하는 동물이 많다는 것이다. 고릴라가 자신을 똑바로 쳐다보는 관람객에게 화를 내며 배설물을 집어던진 적도 있었다.

2007년 네덜란드에서는 우리를 탈출한 수컷 고릴라 '보키토'가 주변을 배회하다가 자신을 응시하는 여성을 공격했다. 이 사고를 처리한 보험회사는 '보키토가 눈이 마주친 사람을 공격했다'는 데서 착안해 '보키토 관찰 안경'을 만들었는데, 눈동자가 엉뚱한 곳을 향해 쏠려 안경을 쓰면 동물들과 눈이 마주칠 염려가 없어 관람객들이 만족스러워 했다.

하지만 면접은 기싸움이 아니다. 더불어 면접관은 고릴라가 아니다. 그러나 면접관을 흥분시킬 만한, 면접관이 '이크 이거 대물大物일세!'라고 느낄 만한 나만의 열정 어린 매서운 눈빛, 이것은 반드시 수련해야 할 필살기다. 위협적이지 않고 선하지만 열정이 담긴 살아 있는 눈빛… 이것이 당신을 뽑고 싶은 인재로 각인시켜 준다.

시선은 사람과 사람을 맺어주는 가장 강력한 커뮤니케이션 수단이다. 눈을 마주치고 대화하면 신뢰가 커진다. 그러나 계속 상대방 눈만 뚫어져라 쳐다보면 오히려 불쾌감을 줄 수 있다. 눈을 마주치되 가끔씩 눈과 코, 입, 목, 볼 등으로 시선을 옮겨주는 게 좋다.

SUCCESS STORY

# 모의 면접으로 실전을 대비하라

**최정원**(이화여자대학교 국어국문학)


나는 이화여대에서 국어국문학을 전공하고 부전공으로 경영학을 공부하면서 토익 965점, 오픽 IH등급, 한자진흥회 2급 자격증을 준비했다. 인턴으로 주한미국상공회의소 비서실에서 2개월, 삼성생명 HRD센터에서도 2개월간 일했다. 인문학 전공의 약점을 보완하기 위해 다양한 인턴 경험과 영어 능력을 부각시키려고 노력했다. 그래서 비교적 영어 사용이 잦은 주한미국상공회의소와 인적자원 개발 실무를 담당하는 HRD센터에서 인턴 경험을 쌓았다.

평소에 취업 스터디를 통해 시사 현안 문제를 다루었고, 면접 일정이 잡힌 이후에는 1분 자기소개를 준비했다. 1분 자기소개가 전부는 아니지만 좋은 첫인상을 남기는 것이 중요하다고 생각했기 때문이다. 일단 지원한 직무에 맞춰 나만의 강점 세 가지를 정리했다. 모의 면접을 진행할 때 촬영을 해서 표정, 태도와 같은 비언어적 부분까지 교정을 받았다. 그리고 제출한 자기소개서를 중심으로 예상 질문 리스트를 만들어 답변을 준비했다.

1차 면접을 끝내고 결과를 기다리던 중 2차 면접 소식을 들었다. 2차 면접은 일정에 없었기 때문에 무척 긴장되었다. 1차가 다대다였던 반면, 2차는 다대일 면접으로 진행되었다. 1인당 소요 시간이 1차보다 길었고 약간 압박성 질문도 있었는데 오히려 더 진솔하게 대답할 수 있었다. 당황할수록 밝은 표정을 잃지 않으려고 노력했다. 반신반의했지만 결과는 합격이었다. 합격 통보 이틀 후부터 2주간의 입문교육을 받았고 쏜살같이 2개월의 시간이 흘러 지금의 자리에 서 있다.

면접과정에서 가장 아쉬웠던 점은 1차 면접 때 표정이 굳었다는 것이다. 결과적으로 합격의 영광을 얻기는 했지만, 좀더 밝고 자연스러운 모습을 보여주지 못한 것이 아쉽다. 사람을 평가하는 데 비언어적 요소가 차지하는 비중이 크다고 봤을 때, 풍부한 모의 면접 경험을 통해 긴장감을 누그러뜨리는 연습을 하는 것이 중요하다.

### ● 취업 준비하는 후배들을 위한 조언

취업을 준비하던 시절, 먼저 취업을 한 친구들이 항상 하는 말이 있었다. '어차피 언젠가 취업은 하게 되어 있으니 조급해 하지 말고 자신을 갈고닦는 데 집중하라'는 것이다. 그때는 그 말을 믿을 수 없었지만 이제 와 뒤돌아보면 그 말이 맞는 것 같다. 취업을 준비하는 그 시간도 인생의 소중한 순간이고, 취업 또한 인생의 또 다른 국면을 맞이하기 위한 출발점일 뿐이다. 창피하거나 조급한 마음에 움츠러들지 말고, 취업에 필요한 공부는 물론 평생의 자양분이 될 만한 경험을 차곡차곡 쌓아가길 바란다.

# 34
# 자기소개서에 '파리'를 그려넣어라



'나를 소개합니다. 나는 이런 사람입니다. 나를 팔겠습니다. 나는 얼마짜리입니다….'

이처럼 자기소개서는 자신을 비싸게 팔 수 있는 마케팅용 홍보지다. 어떻게 차별화를 꾀할 것인지가 관건이다.

"인생은 눈덩이를 굴리는 일과 같다. 중요한 것은 습기를 머금은 눈과 길고 긴 언덕을 찾는 일이다"라고 말했던 워런 버핏. 《스노볼Snow Ball》에 소개된 대학원 입학 면접시험 관련 일화다. 버핏은 19세 때 하버드 경영대학원에 입학 면접을 보러 갔다. 나이도 평균보다 훨씬 어리고 성적도 빼어난 수준은 아니었다고 한다. 주식에 대해 말하는 것은 자신 있었는데, 하버드의 선발 원칙은

지도자를 뽑는 것이지 구체적인 지식으로 무장한 실무자를 뽑는 게 아니었다. 면접관은 부드러운 말로 그에게 몇 년 더 지난 뒤에 입학하면 좋을 것이라고 했다고 한다.

하버드 경영대학원을 낙방한 버핏은 다른 대학을 알아보던 중 컬럼비아 대학 리플릿에서 벤저민 그레이엄과 데이비드 도드라는 이름을 발견한다. 그들은 그 대학 교수였고, 버핏이 외우다시피 한 《증권 분석security Analysis》의 공동 저자였다. 그리고 벤저민 그레이엄은 버핏이 지식의 바탕으로 삼았던 책 《현명한 투자자 The intelligent investor》의 저자였다. 버핏은 서면지원서를 써서 보냈다. 원서 접수 기한도 지났고 면접도 보지 않았지만, 그는 당당히 합격했다. 어떻게 가능했을까? '오마하에서 방금 대학원의 소개 책자를 보았다, 데이비드 도드 교수님과 벤저민 그레이엄 교수님께서 가르친다고 되어 있더라, 나는 두 분이 올림푸스 산 같은 데서 세상을 내려다보고 있는 줄 알았는데 그게 아니었더라, 만일 내가 입학하게 된다면 정말 좋겠다…' 는 개인적인 감정이 절절히 담긴 서면지원서가 다행히 입학 허가 결정권을 쥔 부학장 데이비드 도드 손에 들어갔기 때문이다.

면접관의 책상에는 수많은 지원자들의 자기소개서가 잔뜩 쌓여 있다. 그 서류들을 검토하는 데 걸리는 시간은 '10초' 도 안 된다. 그러므로 지원자들은 면접관의 눈길을 잡아끄는 이력서와 자기소개서를 작성하는 연습을 해야 한다. 《넛지Nudge》에서 소개하

는 이런 방법을 써보는 것은 어떨까. 네덜란드 암스테르담 공항
의 남자 화장실 소변기 중앙에는 파리가 그려져 있는데, 그것을
본 남자들은 대부분 파리를 향해 발사함으로써 소변이 변기 밖으
로 튀어 주변이 더러워지던 골치 아픈 문제를 어느 정도 해결할
수 있었다고 한다.

이와 같이 '파리'에 해당하는 자신만의 상징적 이미지를 자기
소개서에 그려넣는 것이다. 면접관의 눈길이 꽂혀 합격의 화살이
정조준 될 수 있도록 해야 한다. 물론 직무와 관련해 내세울 수

있는 강점과 자신만의 독특한 경험을 중심으로 하는 것이 좋다. '화목한 가정의 3남 1녀 중 막내로 태어나…', '적극적인 성격에…', '시켜만 주십시오…' 등의 표현은 더 이상 쓰지 마라. 식상하다. 그런 자기소개서들은 쓰레기통으로 직행이다.

# 35
# 압박 면접을 돌파하라



압박 질문은 지원자의 단점을 툭 건드리고 찔러 보면서 그에 대응하는 지원자의 태도와 자세를 보고 그 사람의 성향을 알아보는 방법이다. 가시처럼 찔러대는 질문에 얼굴을 붉히는가 하면 울음을 터뜨리는 약한 지원자도 간혹 있다. 심각하게 생각하지 말고 그 질문들을 즐겨보면 어떨까.

악성댓글(악플)에 유머로 대처했던 노라조는 2005년 데뷔한 2인조 30대 남성 밴드다. '엽기' 컨셉으로 아이돌 그룹 사이에서 일단은 튀는 데 성공했으나, 문제는 악플에 엄청나게 시달리게 된 것. 고민 끝에 그들은 대표적인 악플 50여 개를 뽑아 공손하면서도 재밌는 답글을 단 동영상을 만들어 배포했다.

● ● ●

립싱크할 거면 때려치워.

→ 저희끼리도 입을 못 맞춰 립싱크를 못하고 있습니다.

가수 맞나?

→ 한 넘은 하도 까불어서 사람들이 개그맨으로 더 많이 알고 있
고요, 한 넘은 말없이 폼만 잡아 외국인으로 알고 있습니다! 가
수라고 인정해 주실 때까지 열심히 하겠습니다!

토 나온다.

→ 맞습니다. 저희도 서로 보면 토할 것 같습니다.

● ● ●


이 동영상이 배포된 뒤 그들의 인기는 급상승했다고 한다. 위기를 기회로 바꾸어 성공한 것이다.

압박 질문도 악플이라 생각하고 노라조처럼 멋지게 대처해 보자. 그러려면 평소에 까칠한 질문이나 농담에 대해 대범하게 받아들이는 습관을 가져야 한다. 면접관이 압박 질문을 하는 것은 지원자에게 상처를 주기 위해서가 아니라, 난감한 상황에 어떻게 대처하는지를 보려는 것이다. 회사생활을 하다 보면 상사에게 지적도 많이 받을 것이고, 고객과의 마찰도 불가피할 것이다. 그럴 때 현명하게 문제를 해결할 수 있는 사람을 기업은 원한다. 그러므로 긍정의 힘을 믿고 당당한 태도로 대응할 수 있어야 한다.

# 한 우물만 파라

이경득 (충북대학교 정보통신공학과)

나는 충북대학교 정보통신공학과를 졸업했고 학점 3.6, 토익 810점, 오픽 IM등급을 받았다. 또한 무인청소기, 전광판 제작 등의 연구동아리 생활을 3년 동안 했고, 영상처리(얼굴인식) 수업을 이수했으며, 1년간 어학연수를 다녀왔다.

기업이 학점만 좋은 사람보다는 전문성이 있고 단체생활에 익숙한 사람을 더 필요로 할 거라고 생각해서 3년간의 연구동아리 생활을 내 필살기로 여기고 면접을 준비했다. 상황별 암기식 답변을 준비하기보다는 내가 참여했던 크고 작은 프로젝트 자료를 읽어보는데 많은 시간을 할애했다. 또한 회사에서 하고 싶은 일이 무엇인지를 생각해 보았다.

회사에 대한 정보를 얻고 싶어서 면접 전날에 직접 회사 앞까지 찾아가기도 했다. 넓은 천연 잔디 축구장과 깨끗한 건물을 보며 감탄했고, 무작정 안으로 들어갔다가 안전요원이 제지해 돌아왔던 창피한 경험이 있다. 그때 사람들의 목에 걸린 사원증을 꼭 갖고 싶다는 생각이 들었는데, 그것이 다시 한 번 마음의 각오를 다지는 계기가 되었다.

면접 당일 간혹 말을 더듬기는 했지만 내 필살기만큼은 차분하게 보여줄 수 있었다. 내가 첫번째 순서라 질문에 먼저 대답해야 해서 심리적 부담감이 조금 있었다. 면접관이 "그동안 생활하면서 자신만의 아이디어로 문제를 슬기롭게 해결한 경우가 있으면 말해보라"고 했다. 나는 생각할 겨를도 없이 일단 두 가지가 있다고 하고서는 손짓 몸짓으로 많은 시간을 할애하며 간신히 한 가지를 말했다. 하지만 두번째 예를 들고자 하는데 막상 떠오르질 않았다. 그래서 "두번째 경우는 군대에서 있었던 일이니 생략하겠습니다" 라고 내 스스로 답변을 끝맺었다. 다른 세 명의 지원자들이 짧고 간결하게 답변을 잘해서 나만 조리있게 말을 못한 느낌이 들었다. 마지막에 하고 싶은 말을 할 수 있는 기회가 주어졌을 때 면접관들이 관심 있게 들어주어서 합격에 대한 희망의 끈을 놓지 않았다. 다행히 합격을 했지만 제일 처음 대답해야 했기 때문에 당황했던 기억은 아직도 새록새록 하다.

취업을 하는 방법에는 여러 가지가 있겠지만 개인적으로는 한 우물만 파는 것이 취업의 지름길이라고 생각한다. 가끔 자신의 분야를 확실히 정하지 못해서 망설이는 친구들이 있는데, 자신이 원하는 분야를 정하는 것이 우선이다. 원하는 직무와 기업을 정해야 자신이 무엇을 해야 할지, 그리고 요구되는 것이 무엇인지 정확하게 알 수 있고 취업 전략도 세울 수 있다. 그리고 전공 수업을 통해 이론을 쌓고, 연구동아리 활동을 통해 작은 것이라도 직접 경험해 보는 것이 중요하다. 이는 면접뿐 아니라 입사 후 실제 업무에서도 많은 도움이 된다.

· 4장 ·
면접은
능력이
아니라
테크닉이다

# 36
# 달라진 면접 방식에 대비하라



과거와 달리 그룹별 계열사별로 채용 절차도 크게 달라진 양상을 보이고 있다. 인턴제를 적용하거나 기업에 따라 영어 말하기, 인·적성 검사 테스트 등을 실시하는 회사가 늘고 있다. 이력서나 자기소개서만으로는 판단할 수 없는 영역의 비중이 커짐에 따라 응시자들의 창의성, 도전성, 조직 융화력, 실행력 등을 다양한 면접 방식을 통해 알아내고자 하는 것이다. 이처럼 달라진 기업의 면접 양상과 채용 패턴의 변화를 살펴보면 다음과 같다.

● 회사는 지원자들이 조직에 융화돼 열정을 갖고 일하기를 원한다. 고객도 점점 상품의 질보다는 서비스의 진정성을 선

택의 기준으로 삼는다. 따라서 면접에서도 지원자들의 품성
이나 인성을 더 중요시하는 경향이 강하다.

- 회사에 대해 얼마나 관심을 갖고 꾸준히 준비해 왔는가를 본
다. 시업 분야와 직무에 대한 이해도가 높으면, 입사했을 때
직무에 쉽게 적응하고 의욕과 열정도 넘쳐나기 때문이다.

- 어학점수가 곧 실력이 아님을 알게 되면서 실무 회화능력을
면접 때 직접 검증하려는 기업이 늘었다. 외국인이 직접
10~20분간 영어 면접을 실시한다.

- 인턴이나 다양한 경력을 통해 검증된 사람들을 채용하려는
경향을 보인다. 그래야 입사 후 부적응으로 퇴사하는 탈락
자들을 줄일 수 있기 때문이다. 업무능력은 교육으로 향상
시킬 수 있지만 적응력, 인성 같은 기본 자질은 쉽게 바뀌지
않는다.

### 면접에 임하는 자세와 마음가짐

❶ 스펙에 신경 쓰지 말고, 문제해결 능력과 잠재력을 보여줘라.
❷ 다양한 경험을 통해 실무능력을 입증해라.
❸ 지원한 회사에 대해 사전조사를 철저히 하라. 그 회사의 장단점을 파악
한 후 단점에 대해 대안을 제시하는 열성을 보여라.
❹ 회사가 추구하는 기업문화와 기업가치에 자신이 부합하는지 미리 파악
하고 조직적응력을 길러라.
❺ 지원 분야에 대한 전문성을 키워라.
❻ 말투, 말하는 태도 등에 신경을 써라.

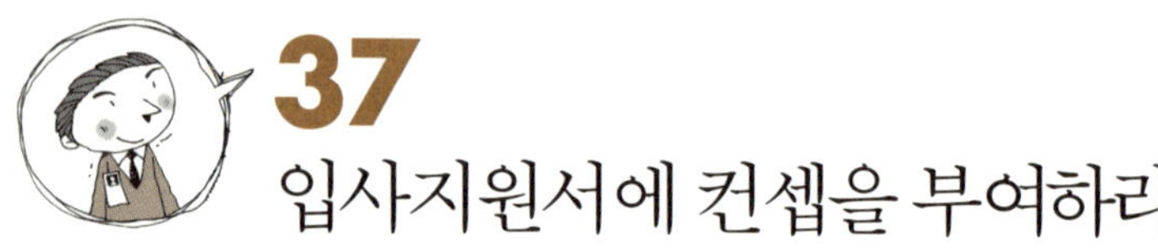

# 37
# 입사지원서에 컨셉을 부여하라

이 세상의 모든 일은 컨셉으로 시작해 컨셉으로 끝난다.
• HR Institute •

입사지원서의 경우 지정된 지원서 양식을 사용해야 한다. 지정양식을 사용하는 것도 '지원자격 조건' 중 하나이기 때문에 그대로 따르는 것이 중요하다.

입사지원서를 작성할 때는 다음과 같은 사항을 빠트리지 말고 꼭 넣도록 하라.

### ● 자신이 채용돼야 하는 이유

기업이 나를 뽑아야 하는 이유를 구체적으로 밝혀라. '이 회사에 얼마나 입사하고 싶은지' 드러내려고 애쓰지 마라.

● **지원회사에 대한 관심**

애사심은 필수다. 구직난으로 '묻지마 지원'이 늘었지만, 기업은 불경기에도 회사를 떠나지 않고 지속적으로 일할 인재를 기대한다. 그러므로 구직자들은 입사지원서에 해당 기업의 문화나 경영 상황 등을 기술하여 평소 관심이 많았음을 드러낼 필요가 있다.

● **경쟁자와의 차별성**

눈길을 끌도록 입사지원서를 독특하게 작성하는 것이 좋다. 이미지나 동영상 등으로 시각적 효과를 살리는 것도 방법이다. 홍보나 마케팅 등 창의성을 평가하는 분야에서 강력한 무기가 될 수 있기 때문이다. 회사 관련 신문기사를 스크랩하여 첨부한다면 그만큼 입사지원 동기가 뚜렷하다는 것을 보여줄 수 있어 좋은 평가를 받을 수 있다.

● **구체적인 비전과 목표**

목표가 있는 사람은 적극적이고 열정적으로 업무에 임한다. 그러므로 업종이나 기업의 특성에 맞게 비전을 명확히 제시하고, 입사 뒤 어떤 자세로 일한 것인지를 드러내야 한다.

반면 '3남 1녀로 태어나… 화목한 가정에서 자라 성품이 모나지 않고…' 등의 천편일률적인 개인사는 넣지 않는 것이 좋다.

면접관은 지원 업무와 상관없는 개인사에 별로 관심이 없다. 자신만의 경험을 기업이 원하는 창의성, 성실성, 도전의식 등에 부합되도록 간결하게 작성하라.

### ● 오타와 맞춤법 확인

오타가 있으면 지원자의 성의를, 맞춤법이 틀리면 지원자의 지적 수준을 의심한다. 특히 지원한 회사명을 바르게 썼는지 꼭 확인하라.

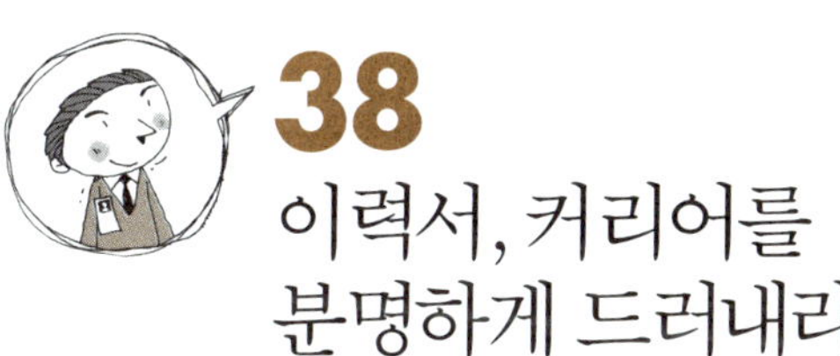

# 38
# 이력서, 커리어를 분명하게 드러내라

인간의 가장 놀라운 특성은
마이너스를 플러스로 바꾸는 힘이다.
• 알프레드 애들러 •

자기 PR 능력이 없으면 아무리 탁월한 역량을 갖추고 있어도 알아주는 사람이 없다. 그런 면에서 이력서 작성은 취업을 위해 반드시 거쳐야 할 관문이다.

3페이지가 넘거나 한 눈에 들어오지 않는 편집으로 산만하고, '최고', '최선', '최상' 등의 주관적인 단어로 가득한 이력서는 휴지통으로 직행하기 쉽다. 검증 불가능한 내용이거나 직무와 무관한 이야기를 나열하고 단어선택이 지나치게 신세대적이거나 채팅용어를 사용하는 등 맞춤법을 무시했다면 면접관의 눈길을 끌 수 없다.

그러므로 이력서를 쓸 때는 다음의 원칙을 준수해라.

- 20초 광고처럼 만들어라.

- 인사담당자 입장에서 작성하라.

- 지원회사가 원하는 맞춤형 이력서를 만들어라.

- 사진관에서 찍은 사진을 붙여라.

- 오탈자가 없는지 반드시 확인하라.

- 이모티콘, 채팅 용어를 남발하지 말고 표준어를 사용하라.

- 쓸데없이 영어를 섞어 남발하지 마라.

- 온라인상에서 이력서를 무작정 배포하지 마라.

- 지금까지 한 경험과 커리어로 앞으로 무엇을 할 수 있는지 보여줘라.


경기가 좋을 때는 튀는 이력서가 많지만 불황일 때는 조직 융화를 강조하는 모범적인 이력서가 추세다. 그러나 '차별화된 인재'를 찾고 있는 기업으로서는 '짧지만, 분명하게' 자신의 커리어를 드러낸 이력서에 주목하게 된다. 인사담당자가 한 사람의 이력서에 눈길을 주는 시간은 짧다. 그런만큼 간결한 문장으로 자신을 명쾌하게 표현할 수 있는 헤드라인을 만드는 것도 인사담당자에게 호감을 줄 수 있는 방법이다.

경력직의 경우 지원한 직무분야와 동떨어진 다른 분야에서의 경험이 나열되면 오히려 점수가 깎일 수 있다. 수많은 자격증이 지원한 분야와 직간접적으로 관련되지 않을 경우에도 마이너스로 작용할 수 있다.

　최근 이메일이나 홈페이지 등 온라인을 이용한 입사지원방식을 채택한 기업이 부쩍 늘어남에 따라 온라인 이력서 작성에도 세심하게 신경 써야 한다. 온라인 이력서의 경우 제목을 잘 쓰는 게 생명이다. 온라인 이력서는 기업체가 키워드로 원하는 능력을 가진 사람을 찾는 방식이다. 예컨대 인터넷 문서인 html을 잘하는 사람을 구한다면 이를 키워드로 입력하여 수많은 이력서 중에서 해당하는 사람을 검색하는 것이다. 이렇게 해서 수백, 수천 명의 이력서가 목록에 올라오면 인사담당자는 당장 제목부터 관심을 가지기 때문에 자신의 온라인 이력서 파일 제목부터 눈길을 끌도록 만들어야 한다.

# 노력이 행운을 만든다

이주호 (경희대학교 전자공학과)

나는 경희대학교 전자공학과를 2010년에 졸업할 예정이고, 학점 3.16, 토익 스피킹 6급이며 9개월간 펜스테이트Penn State 주립대에서 어학연수를 했다. 남들보다 낮은 스펙으로 뒤늦게 취업 전선에 뛰어들었다. 스펙을 올리기에는 시간이 부족해서 이력서와 자기소개서 작성법이나 면접 공부를 중점으로 취업 준비를 했다.

최종적으로 합격한 기업에 입사하기 전 다른 기업의 면접 경험이 큰 도움이 되었다. 실전 면접을 통해 내 문제점을 알게 되었고, 다음 면접을 위해 준비할 수 있었다. 면접을 준비하는 동안 거울을 보면서 말하는 연습을 하거나 취업 준비생들과의 스터디를 통해 요령을 익혔다. 솔직하게 내 자신의 이야기를 할 수 있는 자신감을 키우는 데 특히 주력했다.

최종합격한 기업에서는 3월 말에 서류접수를 시작했는데 별다른 공지 없이 2개월이 지나도록 발표가 나지 않았다. 주변사람들 모두 내가 떨어진 것이라고 생각했고, 나 또한 거의 포기했을 무렵, 인사과에서 합격 전화가 왔다. 인생도 그렇고 취업도 그렇고 '운칠기삼'이라는 말들을 많이 하는데 자신에게 딱 맞는 회사와는 언젠가 인연이 닿게 되어 있다는 생각이 들었다. 물론 나는 내가 합격한 것이, 운이 좋았기 때문이라고는 생각하지 않는다. 아무리 운이 중요하다고 해도 그 운을 불러들이기에 충분한 노력이 뒷받침되지 않는다면 운은 발길을 돌릴 것이다.

취업의 과정에서 후회와 아쉬움으로 남았던 것은 학창시절에 좀더 학업에 신경 쓰지 못했던 점이었다. 면접의 주된 질문 가운데 하나는 대학시절에 관한 것이었는데, 다른 면접자들에 비해 내가 내세울 수 있는 것은 작아 보였다. 가능하다면 학창시절에 좀더 많은 경험과 지식을 쌓아놓길 바란다. 그 경험과 지식이 당시에는 쓸모없게 보여도 취업 과정에서, 그리고 입사 이후에도 큰 자산이 될 것이다.

● **취업 준비하는 후배들을 위한 조언**

일단 서류전형을 통과하게 되면 서류상의 스펙은 크게 차이가 없다고 생각한다. 때문에 자기소개서 위주로 면접을 준비하는 것이 중요하다. 면접관의 눈에 보이는 지원자들의 모습은 모두 비슷하기 때문에, 면접에서 얼마나 긴장하지 않고 당당하게 자신의 이야기를 하는가가 관건이다. 이제 막 사회로 진출하는 여러분들의 뜨거운 열정과 자신감만 표현할 수 있다면, 꼭 취업에 성공할 수 있을 것이라 확신한다.

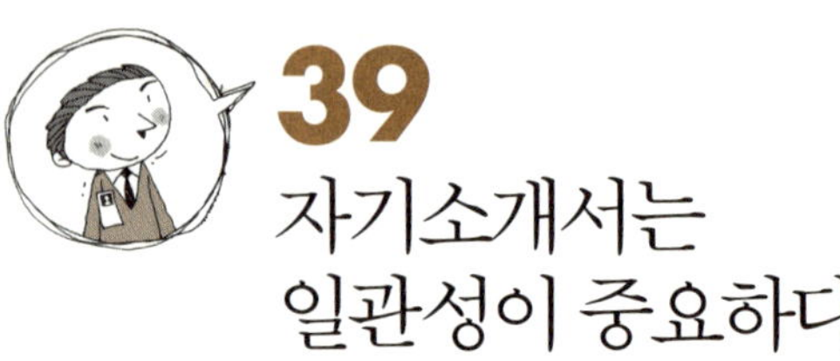

# 39
## 자기소개서는
## 일관성이 중요하다

미래를 알 수 있는 유일한 방법은
과거를 자세히 살펴보는 것이다.
• 니체 •

취업 준비를 할 때 구직자들은 자기소개서 작성을 가장 힘들어한다. 기업 입장에서 어떤 내용을 자기소개서에서 보고 싶어하는지 역지사지易地思之의 접근이 필요하다.

자기소개서에서 제일 중요한 것은 일관성이다. 자신의 사지관과 자질, 꿈을 일관성 있게 제시해야 한다. 백화점식으로 이것저것 나열하다가는 낭패를 볼 것이다. 화려한 포트폴리오보다는 회사에서 요구하는 항목에 자신이 적합한 인물임을 드러내는 것이 중요하다.

자신의 성실함을 강조하고 싶다면, 구체적으로 자신이 성실한 사람임을 보여줄 수 있는 사례를 기술해야 한다. '저는 성실한 사람입니다' 로 그치는 것이 아니라 자신의 경험과 연결해 왜 성실한지 밝혀줘야 면접관이 판단할 수 있다는 말이다.

《유정아의 서울대 말하기 강의》에서는 자기소개 스피치의 핵심 노하우를 이렇게 소개한다.

- 출신과 성장배경은 간략하되 전체적인 뼈대가 흥미롭게 부각되도록 말한다.
- 꿈을 실현하기 위해 준비해 온 것, 앞으로 노력할 것을 말한다.
- 삶의 목표와 지원한 회사 업무를 수행하는 것 사이의 상관관계를 설명한다.
- 업무와 관련한 단점 중 치명적이지 않은 부분을 밝히고 극복방안을 제시한다.

이 노하우를 자기소개서 작성에 적용해 보자. 면접관이 읽기 좋도록 간결하게 쓰는 연습을 하라.

인사 담당자들은 다음과 같은 유형의 자기소개서를 마음에 들어하지 않는다.

- 천편일률적인 내용의 자기소개서

- 맞춤법 · 띄어쓰기가 엉망인 무성의형

- 다른 회사 입사지원 시 작성한 것을 그대로 제출한 복사형

- 성장배경을 구구절절이 써내려간 호적등본형

- 입사 후 포부 및 열정 등이 없는 무알맹이형

- 자기 자랑이 넘쳐나는 과장형

- 개성이 강하다 못해 지나치게 튀는 파격형

- 무조건 뽑아만 주면 열심히 하겠다는 읍소형

- 상투적인 내용과 포부만 넘치는 과장형

- 2~3줄로 작성한 댓글형

## 면접관이 자기소개서를 통해 체크하는 사항

- **지원동기** : 지원자의 포부, 꿈과 목표, 입사 열정

- **성장과정** : 위기 극복, 실패를 통해 얻은 경험 등을 검증하여 인격 형성과 성품을 통한 조직 적응력과 팀워크, 성과 가능성

- **학교와 사회생활** : 전공, 부전공 및 수행 프로젝트, 동아리 등에서 맡은 역할과 직책을 통해 지원 분야 발휘 역량, 직무 전문성과 성과 가능성 검증.

- **성격과 성향** : 자신의 단점을 인정하되 이를 극복하기 위해 노력한 지원자는 입사 후 개선의지가 있다고 평가

- **경력과 실적** : 실제 업무감각과 대응능력 판단

- **꿈과 목표** : 기업의 인재상과 지원동기의 일치여부를 토대로 기업문화와 정서, 경영이념과 방침, 핵심 사업과 장단기 목표에 따라 함께 성장할 수 있는지 판단

# 40
# 숨겨진 1%의 힘, 이미지 메이킹



면접은 회사와 응시자 간의 공식적인 첫 대면이다. 첫 만남은 그 관계의 앞날을 좌우할 수 있을 정도로 중요하기 때문에 자신만의 이미지를 만들어야 한다.

미국의 심리학자 앨버트 메라비언Albert Mehrabian은 사람의 이미지를 결정하는 요소를 각각 시각 55%, 청각 38%, 언어 7%라고 정의내렸다. 가장 큰 비중을 차지하는 시각적 요소를 전달하기 위해서는 상대를 안심시키고 자신감을 보여주는 미소 띤 표정과 적극적인 시선이 가장 중요하며, 신뢰감을 줄 수 있는 외모와 옷차림, 그리고 자신의 생각과 의지를 잘 전달할 수 있는 세련되고 적절한 손동작 등이 필요하다.

시각적인 이미지 이외에도 명확한 발성과 음성으로 자신의 실력에 플러스 요인을 더할 수 있어야 하다. 면접 당일 수많은 지원자들의 답변을 듣게 되는 면접관에게 분명하고 또렷한 음성으로 대답해야 호감을 줄 수 있다.

## 목소리와 호흡

시간을 내서 자신의 발음과 언어습관, 음성 등을 모니터링한다. 녹음, 녹화기능이 있는 조그만 디지털카메라나 휴대폰으로도 충분하다. 의외로 자신의 문제점을 쉽게 발견할 수 있다. 목에서 소리가 나는 흉식호흡이 아니라 배에서 소리가 나는 복식호흡을 통해 성량을 키우고 톤을 바꾸는 것이 좋다. 복식호흡은 누워서 해보면 훨씬 잘 느낄 수 있는데, 의식적으로 숨을 마실 때 배가 나오고 내쉴 때 배가 들어가도록 해야 한다. '아' 소리를 계속 내면서 배에 힘을 줬다 뺐다 반복하면 된다. 매일 30분씩 배에 힘을 주고 입을 크게 벌리면서 목소리를 뱉어 내듯이 말하는 연습을 하면 숨겨진 자신의 목소리 톤을 찾을 수 있다. 올바른 호흡법을 기본으로 발음 연습표를 붙여두고 소리 내어 읽어보면 발음 향상에 도움이 된다. 면접관이 잘 알아들을 수 있도록 표준 발음과 억양 연습이 필요하다. 신문을 읽을 때 소리 내서 읽거나 평소보다 조금 느린 속도로 말하는 훈련을 하라.

## 옷차림과 이미지 메이킹

### ① 얼굴 표정

밝고 적극적이며 온화한 표정은 높은 점수를 얻는 데 중요한 역할을 한다. 입은 자연스럽게 다물고 미소를 띠는 것이 좋다. 입을 쑥 내밀면 불만스러워 보이고, 삐죽거리면 조소하는 것처럼 보인다. 답변할 때 입을 가리거나 혀를 내미는 행위를 삼가야 한다. 눈을 흘기거나 곁눈질 또는 흘끔거리는 버릇도 면접관의 눈에 거슬릴 수 있다.

② 올바른 자세

서 있는 자세는 두 발꿈치를 붙이고 몸 중심을 잡는 것이 안정감 있어 보인다. 이때 가슴을 펴 허리를 곧게 하고 양팔은 자연스럽게 옆으로 내리며 턱이 앞으로 나오지 않도록 한다. 여성인 경우 다리를 벌리고 선 모양은 눈살을 찌푸리게 만들고 교양이 없어 보이므로 주의해야 하고, 두 손은 앞으로 가지런히 마주잡아 예의 바르게 보이도록 한다.

앉은 자세는 몸을 펴고 고개를 바로 하여 앞을 바라보며 두 손을 무릎 위에 놓는다. 몸을 뒤로 깊숙이 기대거나 금세 일어날듯이 의자 끝에 조금 걸쳐 앉는 것은 좋지 않다. 다리를 포개거나 뻗는 것은 버릇없이 보이므로 삼가야 한다. 여성의 경우 다리를 벌리면 보기 흉하므로 각별히 주의한다. 면접이 끝난 후 의자를 바로 해놓고 나간다.

## 남성 지원자의 이미지 메이킹

### ① 머리

깔끔하고 단정한 느낌을 주기 위해서는 짧은 헤어스타일이 좋다. 머리 손질은 면접 1주일 전쯤이 가장 적당하다. 앞머리는 이마나 눈썹을 가리지 않도록, 옆머리는 귀를 덮지 않도록, 뒷머리는 셔츠 깃을 덮지 않도록 한다. 머리를 매일 감아서 청결을 유지하고 헤어 왁스로 단정하게 연출하는 것이 무난하다.

### ② 얼굴

건강한 얼굴과 단정한 인상을 보여줘야 한다. 면접 당일 아침에는 다른 때보다 더 신경 써서 면도를 하고, 코털도 정리한다. 안경은 깨끗이 닦아서 청결을 유지한다.

### ③ 정장

깔끔한 인상을 주는 검은색, 남색 계열이 가장 무난하다. 바지 길이는 구두 위에 살짝 닿을 정도가 좋다. 키가 작은 사람은 밝은 색상과 줄무늬 패턴을 택하는 것이 좋고, 체격이 있는 사람은 커다란 체크무늬 옷은 피해야 한다. 짙은 감색 정장은 상대방에게 강한 카리스마와 함께 깔끔한 이미지를 주고, 회색 계열 정장은 친밀하고 부드러운 이미지를 준다. 바지 사이즈가 크면 허리둘레에 주름이 생겨 흉하므로 손가락이 들어갈 정도의 여유만 있게 줄이는 것이 낫다. 바지 길이를 잘 조절하지 못하면 양말이 보여 지저분한 인상을 줄 수 있으므로 복사뼈를 살짝 덮으면서 구두를 신었을 때 뒷굽에서 약간 올라오는 정도의 길이가 적당하다.

### ④ 셔츠

정장보다 밝은 색상으로 선택한다. 셔츠의 길이는 선 자세로 팔을 내렸을 때 양복 소매보다 1~1.5cm 정도 더 내려오는 것이 적당하다. 정통 비즈니스 정장에는 흰색 드레스 셔츠가 가장 무난하며, 엷은 색상의 셔츠는 세련미를 더해준다.

### ⑤ 넥타이

넥타이 길이는 벨트 버클 바로 하단부와 넥타이 꼭짓점이 맞닿는 정도가 적당하다. 정장색감에 어울리는 단순한 문양의 넥타이가 무난하다. 넥타이는 하늘색·감색 등 성공을 상징하면서도 단정해 보이는 푸른색 계열을 추천한다. 얼굴색이 어둡다면 밝은 색 타이를 선택하는 것이 좋다.

### ⑥ 양말

정장차림에 흰 양말은 피하고 검정색으로 선택하는 것이 낫다. 양말 색상은 검정색이 가장 무난하고, 목이 지나치게 짧은 양말은 품위를 떨어뜨리니 주의해야 한다.

### ⑦ 구두

검정색이나 짙은 갈색 구두가 어느 정장에도 잘 어울린다. 키가 작은 남성의 경우 키높이 구두를 이용해 단점을 보완하는 것도 요령이다. 아침에 집을 나서기 전에 반드시 구두를 닦고 면접장에 들어서기 전에도 한 번 더 확인한다. 먼지나 얼룩이 졌다면 휴지로 깔끔히 닦는다.

## 여성 지원자의 이미지 메이킹

### ① 머리

화려한 염색머리나 강렬한 인상을 주는 파마머리 등은 가능한 피하는 것이 좋다. 숏컷이나 뒤로 묶은 긴 머리가 깔끔한 인상을 준다. 단발머리인 경우 앞머리를 손으로 쓸어 올리게 되고, 앞머리가 길 경우 귀에 걸려고 자꾸 손이 머리에 가서 거슬릴 수 있으므로 단정하게 고정해야 한다. 긴 머리는 여성스러운 느낌을 줄 수 있지만, 인사할 때나 면접 시 얼굴을 가릴 수 있으므로 주의해야 한다.

### ② 메이크업

짙은 화장과 너무 눈에 뛰는 색은 피하고 밝은 베이지 톤의 자연스러운 화장이 호감을 줄 수 있다. 아이섀도는 은은하고 정숙한 갈색이나 베이지 계열을 선택한다.

### ③ 블라우스

재킷 안에 입는 블라우스나 니트는 레이스가 달린 것은 피하고, 깔끔한 인상을 주는 둥근 라운드나 보트 넥라인으로 선택하는 것이 무난하다.

### ④ 정장

깔끔하고 차분한 베이지색이나 검정, 회색이 무난하다. 활동적이고 당당한 이미지를 보여주고 싶다면 바지 정장을 입는 것이 좋다. 줄무늬가 있는 테일러칼라의 재킷과 바지를 입으면 다리도 길어 보이고 날씬하게 보이는 효과가 있다.

### ⑤ 핸드백과 구두

정장에 어울리는 옷의 색상보다는 진한 색으로 선택한다. 구두는 항상 깨끗하게 관리하고, 굽이 너무 높거나 뾰족한 것은 피해야 한다. 핸드백은 필요 이상으로 크거나 작지 않은 것이 좋다.

### ⑥ 스타킹

자연스런 살색이나 커피색이 적당하다. 사무실이나 공식석상일수록 화려하거나 무늬가 들어 있는 것은 피하는 것이 좋다. 주름이 잡히거나 올이 풀리지 않도록 세심하게 신경을 써야 한다.

### ⑦ 향수

가볍게 뿌리는 것은 괜찮다. 화장품의 향과 조화를 이루는 제품을 사용하는 것이 좋다.

# 41
# 열정을 가지고<br>당당하게 답변하라

지혜로운 것은 훌륭한 일이다.<br>하지만 그보다 더 훌륭한 일은 인내하는 것이다.<br>• 싯다르타 •

기업 인사담당자들은 면접관의 질문에 열정을 갖고 당당하게 대처하는 게 중요하다고 입을 모은다. 면접을 보는 회사에 대해 많은 정보를 수집해 두면, 답변하는 게 좀더 수월하며 자신감도 키울 수도 있다. 각 회사 홍보실이나 대외 홍보물을 통해 연혁과 사훈, 최근 동향 등을 알아두는 게 좋다.

## ● 자신감을 가지고 최선을 다하라

소극적인 자세는 면접에서 절대 금기사항이다. 어떠한 질문에도 적극적으로 답하는 자세가 필요하다. 예상치 못한 질문에 대답 내용이 조금 빈약하더라도 끝까지 패기만만한 자신감을 보여주도록 하라. 질문에 대답을 제대로 못했거나 핵심에서 벗어나는 답을 했더라도 도중에 결코 포기해서는 안 된다. 마지막까지 흔들리지 않고 성의 있게 면접에 임하는 태도 자체가 면접관에게는 좋은 인상으로 비쳐질 수 있다.

## ● 답변하기 전 2~3초 여유를 둔다

면접관의 질문 후 바로 대답하지 말고, 2~3초 생각하는 여유를 가진 후에 대답한다. 그래야 사려 깊은 사람으로 보이며 답변도 더 논리적이 될 수 있다. 질문을 받으면 빠르게 머릿속으로 정리해 보거나 조용히 심호흡을 한 뒤 대답하도록 한다.

## ● 결론부터 말하라

대답할 때는 결론을 먼저 말하고 그에 따르는 설명과 이유를 나중에 덧붙이면 논지가 명확해지면서 면접관에게 좋은 인상을 줄 수 있다. 또한 무슨 말이든 맺고 끊는 부분을 분명히 해야 한다. 이때 복문을 여러 개로 구성하면 나중에 수습하지 못해 당황하게 된다. 지나친 단답형도 문제지만, 미사여구가 늘어져 주제를 희석시켜선 안 된다.

## ● 질문 의도를 파악하라

면접관의 질문에 동문서답하지 않는 것이 기본이다. 질문 내용을 지레 짐작하지 말고 면접관의 의도를 파악해야 한다. 면접관의 질문에 적절한 대답을 하지 않으면 대화가 끊어지거나 지원자의 사고력이나 이해수준을 의심받을 수도 있다. 질문의 요지를 파악할 수 없을 때는 "말씀하신 질문은 이러한 의미입니까?"라고 확인 후 답변한다. 질문을 알아듣지 못한 경우에도 "죄송하지만 다시 한 번 말씀해 주시겠습니까?"라고 반문한 후 대답을 하도록 한다.

### ● 3분 이내에 끝내라

너무 간략하면 성의 없어 보이고, 너무 장황하면 대답의 핵심을 파악하는 데 혼란을 겪을 수 있다. 복잡한 이야기라도 상대방이 이해하기 쉽도록 요약하여 3분 이내에 끝내는 것이 좋다. 지원자 본인은 한 사람이지만 면접관은 비슷한 대답을 수없이 듣고 있다는 사실을 명심하라.

### ● 과장하거나 거짓 대답은 피하라

모르는 것은 괜히 아는 척하면 거짓말에 능숙하다는 인상을 줄 수 있다. 모르는 부분은 솔직하게 모르겠다고 말하고 부족함을 채우기 위해 더욱 열심히 노력하겠다는 겸양으로 대신한다. 또한 자신의 장점은 강조하되 약점에 대한 질문은 거짓으로 피하기보다는 사실을 인정하도록 한다. 이때 약점은 간단히 인정하고 이를 극복하기 위한 자신의 노력에 대한 부연 설명으로 면접관에게 약점이 아닌 부연설명이 기억되도록 한다.

### ● 명확하게 자신의 의견을 전달하라

상대의 눈을 보며 적당한 어조와 속도로 성의를 다해 진지하게 얘기하면 호감을 줄 수 있다. 상대방의 말에 "예", "그렇습니까?", "저는 이렇게 생각합니다" 등 자기의 생각이나 느낌을 명확하게 전달하면 면접을 부드러운 분위기 속에서 마칠 수 있다.

### ● 불리한 질문에 답하기

답변하기 난감한 질문은 면접을 좀더 풍성하게 만들 수 있는 훌륭한 기회다. 실패 경험, 그리고 전공이나 경력에 대해 면접관이 부정적으로 질문을 하면 이를 전략적으로 이용할 수 있어야 한다. 예를 들어 "희망 근무 부서가 마케팅 쪽인데 대학 전공과 거리가 있어 보이는 군요. 어떻게 생각하나요?"라는 질문을 받았다면 이런 답변을 준비해 보라.

"제가 전공한 국문학은 말과 글을 다루는 학문입니다. 마케팅도 사람들 앞에서 말할 기회가 많고, 글을 쓸 일도 많은 것으로 알고 있는데요. 그런 점에서 문학 공부가 마케팅에 도움이 되었습니다."

## 질의응답을 통해 면접관이 점검하는 사항

❶ 답변은 침착하게 하는가?

❷ 답변에 일관성과 진실성이 담겨 있는가?

❸ 난처한 질문에 어떻게 대처하는가?(성적, 외국어실력, 용모 등에 대한 면접관의 칭찬은 칭찬이 아니다. 방심하지 마라.)

❹ 농담과 재치, 유머를 구분하는가?

❺ 임기응변의 순발력과 센스가 있는가?

❻ 질문의 의도를 정확하게 파악하는가?

❼ 답변을 간결하고 명확하게 하는가?

❽ 자신감 있게 대답하는가?

❾ 대학생으로서의 기본자세는 되어 있는가?

❿ 잘못된 대답을 했을 때 어떻게 대처하는가?

⓫ 면접관의 마인드에 맞는 답변을 하는가?

⓬ 지원동기는 무엇인가?

⓭ 자신의 의견을 분명하게 전달하는가?

⓮ 창의성을 요구하는 질문에 어떻게 답변하는가?

⓯ 면접이 끝났을 때의 행동은 어떤가?

# 인맥을 넓히고 정보를 수집하라

이주홍(영남대학교 전자공학과)

나는 영남대학교 전자공학과를 졸업했고 토익 800점대 초반, 오픽 IM등급이었다. 9개월간의 어학연수를 다녀왔다. 자격증은 없지만 공모전 수상 경력이 있다.

대학 1학년 때부터 과내 학술 동아리 활동을 하며 공모전에 꾸준히 참가했다. 이렇게 대회 경험을 쌓으면서 전공 실무 지식을 넓힐 수 있었다. 또한 호주 어학연수를 통해 부족했던 어학 성적과 영어회화 실력을 키우고 외국인 친구들을 사귀며 타문화에 대한 견문을 넓혔다. 어학연수를 다녀온 후에도 감각을 잃지 않으려고 매일 아침 7시에 시작하는 교내 영어회화 스터디에 참여하고 국제정보디스플레이학회에서 자원봉사도 하는 등 교내외의 다양한 활동을 겸했다.

대학 3학년 2학기 때부터는 취업에 성공한 선배들의 경험담을 들으며 취업을 희망하는 회사와 직무에 관한 구체적 정보를 수집하기 시작했다. 학교에서 지원해 주는 취업스터디에 가입해서 실제 면접을 대비한 자기소개서 피드백, 모의 면접 등을 연습했다. 그리고 내가 목표로 하는 회사에서 근무하는 학교 선배들과 연락해 실무진의 경험담을 듣는 등 실질적 면접 준비를 했다. 덕분에 적극적으로 인맥을 넓히고 더 많은 정보를 수집하며 취업 준비에 충실할 수 있었다.

서류전형과 직무적성검사를 통과한 직후, 면접까지 무사히 통과했다. 하지만 면접 과정에서 평소 준비해 둔 수많은 이야기들이 왜 잘 떠오르지 않았는지 정말 아쉬움이 크다. 그토록 기다려왔던 면접관의 질문을 허무하게 단답형으로 끝내버린 순간이 가장 허탈했다. 취업 스펙을 위해 열정을 쏟은 만큼 그것을 진솔하게 잘 전달하는 표현력 또한 매우 중요하다.

● **취업 준비하는 후배들을 위한 조언**

구직활동 기간이 길어질수록 불확실한 미래에 대한 초조함은 더욱 커질 것이다. 그때 가장 중요한 것은 마인드 컨트롤이라고 생각한다. 남들보다 조금은 늦더라도 반드시 된다는 확고한 믿음을 가지고 꾸준히 이력서를 쓰고 평소에 면접 준비를 해둔다면 반드시 기회가 올 것이다. 또한 혼자보다는 교내 스터디나 취업 카페를 통해 다른 사람들과 교류한다면 힘들다고 느껴지는 그 시기를 즐겁게 이겨낼 수도 있다. 긍정적인 마인드 컨트롤로 포기하지 말고 도전하길 바란다.

# 42
# 대기업 면접용 질문을 파악하라

질문에 답하면 스스로 설득이 된다.
• 도로시 리즈 •

최근 대기업 면접에서는 시사적인 질문을 던지거나 도전적이고 창의적인 인재를 가늠하기 위해 황당한 질문을 내놓기도 한다. 또한 의도적으로 지원자를 스트레스와 긴장상태에 몰아넣고 반응을 보기 위한 압박 질문들이 자주 나오고 있다. 따라서 질문에 답변을 잘하기 위해서는 사소한 질문이라도 그 질문 속에 숨어 있는 의도를 정확히 파악하고 대답하는 것이 중요하다.

### ● 다른 회사에 합격한다면?

경기상황이 안 좋을 때일수록 충성도 높은 인재를 선호한다. 그래서 면접에서 이를 가늠해 볼 수 있는 질문들이 많이 나온다. "자신이 원하지 않는 지역에 배치된다면 어떻게 하겠습니까?", "결혼을 앞두고 해외로 발령 나면 어떻게 하겠습니까?" 등과 같은 질문이다. 이 회사에 입사하겠다는 열의와 의지를 보여주는 것이 중요하다.

## ● 촛불집회에 대해 어떻게 생각하나?

"고유가가 건설경기에 미치는 영향은 무엇인가?", "네티즌들의 광고 불매에 대해 어떻게 생각하나?" 등 시사적인 질문이다. 사전에 사회경제 전반의 뉴스를 관심 있게 봐둘 필요가 있다. 2009년 하반기 면접에서 시사문제로 가장 많이 활용될 소재는 '신종플루'라고 한다. 최근 한 취업포털 사이트의 조사에 따르면 면접에서 활용될 시사이슈로는 신종플루 확산과 대책이 가장 높은 비율을 차지했으며 채용축소에 따른 일자리 부족현상, 아동 성폭행사건 파문, 4대강 살리기 사업 등이 주요 주제로 꼽혔다.

면접에서 시사이슈를 문제로 내는 이유는 자신의 의견에 대해 설득력을 갖췄는지 평가하고, 사회현상에 대한 문제해결 방식을 보기 위해서이다. 또한 사회이슈에 대한 시각과 태도, 그리고 그것을 업무에 반영하거나 연계할 수 있는 응용력을 평가하기 위함이다. 따라서 지나치게 개인적인 의견을 강조하기보다는 양쪽의 입장을 설명하고 객관적인 시각으로 정리하는 것이 바람직하다.

● 아프리카에서 모피를 팔 수 있는가?

기업들은 도전적인 인재를 선별하기 위해 황당한 질문을 던지기도 한다. "남극에 가서 냉장고를 어떻게 팔 것인가?", "무일푼으로 외국에 나가면 어떻게 살 것인가?", "수중에는 만 원뿐이다. 서울에서 부산까지 어떻게 가겠는가?" 등. 창의력을 발휘해 설득력 있는 방안을 제시하면서도 강한 패기를 보여줘야 한다.

● 시련을 어떻게 극복했는가?

"세상에 살면서 가장 큰 시련이 무엇이었나?", "힘든 일을 겪었을 때 어떻게 극복했나?", "상사의 부당한 지시에 어떻게 대응하겠는가?" 등은 위기 극복 사례를 묻는 것이다. 어려움 속에서도 친구들과 의기투합해 목적을 달성한 사례와 이 과정에서 자신이 어떤 역할을 했는지 설명하는 것이 좋다.

● 어학 점수가 낮은 편인데 왜 그럴죠?

의도적으로 지원자를 스트레스와 긴장상태에 몰아넣고 반응을 보는, 이른바 압박 면접이다. 스트레스에 대처하고 문제해결을 하는 능력을 평가하려는 것이다. 반말에 가까운 말로 자극하는 경우도 있다. "학점이 높네. 공부만 했습니까?", "학교 왜 이렇게 오래 다녔어요? 뭐했어요?"와 같은 질문이다. 민감하게 받아들여 화를 내면 안 된다. 차분하고 재치 있게 대처하는 것이 좋다.

압박 면접은 정답을 구하는 것이 아닌 지원자의 순발력과 창의력, 위기관리 능력을 평가하는 게 목적이므로 담대한 태도를 보여주는 것이 중요하다. 당황스러운 질문일수록 단순하고 쉽게 생각해서 답하는 것이 요령이다.

### 면접에서 가장 많이 나오는 질문

자기소개와 지원동기 / 지원분야 경력 및 전문적인 지식 / 지원기업에 대한 열정 · 관심도 / 앞으로의 포부 · 각오 / (인생을 살면서 가장 좌절했던 순간 등) 인생 경험 / (애인이 있는가 등) 개인 신상 / (대학시절에 어떤 아르바이트를 했는가 등) 학창시절 및 일상생활 / (존경하는 사람은 누구인가 등) 인생관 · 가치관 / (서울시내 자장면 판매량은 얼마인가 등) 일반상식 · 시사 / 논리력 테스트 등

### 가장 어려운 질문유형

10년 후 자신의 모습을 말해라(커리어맵형) / 약속이 있는데 상사가 야근을 시킨다면 어떻게 할 것인가(양자택일형) / 면접실을 탁구공으로 채운다면 몇 개가 필요한가(황당무계형) / 미네르바에 대해 어떻게 생각하는가(사회이슈형) / 소란을 피우는 고객을 어떻게 하겠는가(문제해결형) / 자신을 어떤 색깔에 비유할 수 있는가(비유 · 상징형) / 성희롱에 대한 생각, 나이 어린 여자상사가 있다면(남녀구분형)

### 면접에 나오는 시사질문 주제

미국발 금융위기 및 국제 경기침체 / 기업 구조조정 · 실업문제 / 정부의 잡셰어링 정책 및 기업 대졸초임 삭감 / 북한 로켓발사 · 남북관계 / 전 대통령 뇌물수수 사건 / 신종플루 확산 / 정부 녹색성장 정책 / 미네르바에 관한 질문 / 오바마 미국 대통령 당선 / 자본시장통합법 / 미디어법 상정논란 / 석면 검출과 탈크제품 파문 등

# 43
# 난감한 질문에는
# 'YB 화법'을 사용하라

순발력도 문법과 마찬가지로
일정한 법칙을 익히면 쉽게 배울 수 있다
• 마티아스 펨 •

면접관이 짓궂은 질문으로 면접자를 당황하게 만들고, 돌발상황을 만들어 면접자의 대처법을 확인해 보는 것이 바로 압박 면접이다. 압박 면접은 지원자의 입장에서는 돌발상황이지만 사실 계획적이고 의도된 것이다.

집요하게 약점을 자극하는 난감한 질문을 지혜롭게 넘기는 가장 좋은 방법은 'YB 화법'을 사용하는 것이다. YB 화법이란 'Yes…', 'But…'의 화법을 말한다.

"네, 알겠습니다" "네, 그렇습니다" 라고 일단 수긍한 후에 반전의 형태로 자신의 의견을 내놓는 것이다. 상대의 공격을 부드럽게 받아들이고, 그것을 반발 에너지로 바꿔라.

● 꼬리를 무는 난감한 질문

면접관은 당신의 대답이 틀렸다고 화를 내는 것이 아니다. 압박 면접에 당신이 어떻게 대처하는지 그 태도를 보려는 것이다. 먼저 침착해져야 한다. 꼬리를 무는 질문에 방어 자세만 취하다 보면 내 생각과 다른 답변을 할 수 있기 때문이다. 그럴 때는 잠시 대답을 멈추고 면접관을 응시한다. 서두르지 말고 다시 한 번 면접관에게 질문을 물어보고 시간을 벌어라. 그리고 질문에 적절한 본인의 생각을 차분하게 말하면 된다.


● 여성지원자의 경우 차 심부름에 대한 질문

이런 질문은 남성과 여성 공통으로 해당되는 질문이다. 흥분하면 마이너스 요소가 될 수 있다. 잔심부름을 할 것인지에 대한 질문이 아니라 인품이나 협동심을 알아보기 위한 질문이다. 일의 경중을 떠나 책임감을 갖고 열심히 일하겠다는 모습을 보여라.


● 연봉에 대한 질문

정확한 액수를 언급하는 것은 좋지 않다. 지원한 회사의 연봉 기준을 미리 알아보고 비슷하되 폭넓게 제시하는 것이 좋다.


● 단점에 대한 질문

구체적으로 말할 필요는 없다. 장점으로도 보일 수 있는 단점 한 가지를 미리 준비하는 것이 필요하다. 장점을 말하되 '지나치게 ○○하는 경향이 있다'는 식으로 표현하는 것도 요령이다. 지나 치게 사람을 좋아한다, 지나치게 열정적이다, 지나치게 정이 많 다 등 장점으로 승화할 수 있는 것이면 좋다.

● **면접 막바지에 하고 싶은 말이나 질문이 있는지 물어볼 때**

회사에 관심이 많으며 준비된 인재라는 인상을 심어주도록 하라. 단답형이 아닌 구체적인 답변을 얻을 수 있는 질문을 준비해 가 면 면접관에게 각인될 수 있다. 질문 종류는 직무에 관한 것이 바 람직하다. 회사 동향을 미리 알아보고 회사에 관한 질문을 하는 것도 좋다. 급여나 복리후생에 대한 질문은 피해야 한다.

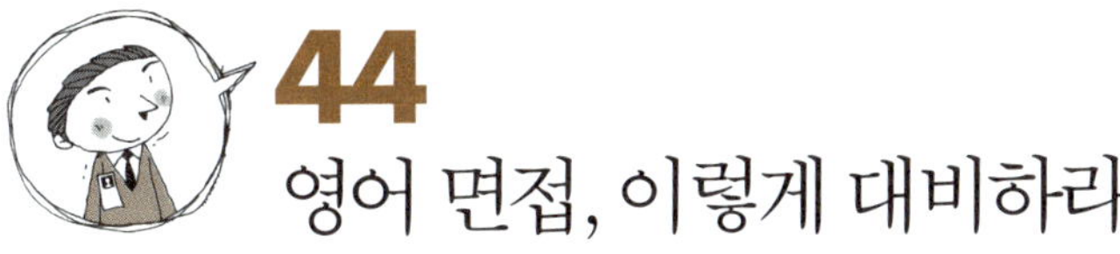

# 44
# 영어 면접, 이렇게 대비하라



영어 면접의 경우 질문 자체의 난이도가 높지는 않은 편이다. 하지만 미리 준비하지 않으면 대답하기 곤란하다. '왜 우리 회사에 지원했는가?(Why are you interested in our company?)' 등의 질문이 많다. '우리 회사의 문제점과 해결방안은?', '휴대폰을 모르는 아프리카 사람에게 휴대폰을 설명하라', '내가 면접관이면 어떤 질문을 할 것이고 그 이유는?' 등이 종전에 등장했던 영어 질문이다.

영어 면접은 자신의 생각을 영어로 논리정연하게 표현할 수 있는가를 알아보는 것이므로 예상 문제의 모범 답안을 뽑고 미리 연습해야 하며, 기본적인 문장을 구성하는 표현을 암기해 두는 것이 필요하다. 또한 전공과 지원 분야에서 자주 쓰이는 용어를 익혀두는 것도 큰 도움이 된다.

## ● 예상 질문과 답변을 만들어라

영어 면접은 단순히 회화실력만 평가하는 것이 아니다. 업무에 바로 투입되어 영어로 업무를 수행할 수 있는지 알아보려는 것이다. 해당 질문에 자신의 생각을 논리정연하게 표현할 수 있는지가 관건이다. 평소 예상 질문을 중심으로 자신의 생각을 정리하고, 좋은 샘플을 토대로 답변을 만들어보는 연습을 꾸준히 해야 한다. 또 면접관의 질문에 단답형으로 대답하는 것은 가능한 피해야 한다.

## ● 쉽고 익숙한 어휘를 사용하라

지원자들은 수준 높고 고급스러운 표현을 사용하면 최고 점수를 받을 것이라고 생각한다. 이것은 오산이다  오히려 어려운 단어 사용이 감점 요인이 될 수 있다. 실제 업무에서도 꼭 필요한 고급 어휘를 제외하고 대부분 쉽고 익숙한 어휘를 사용하기 때문이다. 어려운 단어를 사용하다가 실수하지 말고, 쉽고 익숙한 표현을 연습하라.

### ● 자주 출제되는 질문 유형을 중심으로 연습하라

다양한 질문에도 유형이 있기 때문에 미리 알면 효과적으로 대비할 수 있다. 면접관이 주로 하는 질문은 자기소개, 지원자의 경력, 사회적 이슈에 대한 상식, 지원하는 직무에 관련된 것들이다. 이런 질문 유형을 중심으로 답변을 만들어 꾸준히 연습해야 한다.

### ● 질문 내용을 이해 못했을 때는 다시 한 번 확인하라

긴장해서 질문 내용을 이해 못하는 경우가 있다. 이때는 자기 판단대로 추측해 엉뚱한 답변을 하는 것보다 다시 한 번 질문을 요청해서 내용을 확인하는 것이 좋다. 질문 내용을 이해하고도 어떤 답변을 해야 할지 망설여질 때는 정리되지 않은 생각을 말하기보다 침착하게 정리할 시간을 갖고 논리정연하게 자신의 의견을 제시하면 된다.

### ● 질문할 기회가 주어졌을 때를 대비해 미리 준비하라

면접관이 모든 질문을 끝내고 지원자에게 궁금한 내용이 있는지 물어보는 경우가 있다. 자신이 지원하는 기업과 직종에 대한 사전조사를 통해 업무 또는 기업에 대한 내용을 영어로 준비해 두면 유익하다.

너무 자유분방한 태도는 면접관에게 부정적인 인상을 줄 수 있다. 자신의 부족한 영어구사 능력을 지나치게 의식해 소극적인 태도를 보이는 것도 피해야 한다. 당당하고 침착하게 질문에 대답하면서 예의 바르고 점잖은 태도를 유지하는 것이 좋다.

### 영어 면접에 대비하기

- 예상 문제의 모범 답안을 뽑고 미리 연습하라.
- 기본적인 문장을 구성하는 표현을 암기하라.
- 자신의 의사를 명확하고 간결하게 전달하라.
- 전공과 지원 분야에서 자주 쓰이는 용어를 익혀라.

### 기존 질문의 패턴

- Tell me about yourself.
  (자기소개를 해보세요.)
- What do you think your strength and weakness is?
  (당신의 강점과 약점은 무엇이라고 생각합니까?)
- Why are you interested in our company?
  (우리 회사에 왜 지원했습니까?)
- What do you know our company?
  (우리 회사에 대해 얼마나 알고 있습니까?)
- What is your 10-year plan?
  (향후 10년간의 계획은 무엇입니까?)
- What is your ambition in life?
  (당신은 어떤 야망이 있습니까?)

# 45
## 면접 전날, 이것만은 점검하라



면접 전날 최종적으로 점검해야 할 사항들을 이미 다 알고 있다 하더라도 막상 면접에 임박해서는 당황하여 그냥 지나치기 쉽다. 미리 준비하고 꼼꼼하게 마지막 점검을 하자.

### ● 면접 장소와 교통편을 알아둬라

면접 장소를 미리 가보는 것이 좋지만 시간이 없을 경우 교통편과 소요시간을 미리 알아두도록 하자. 인사담당자들이 가장 싫어하는 지원자는 지각하는 사람이라고 한다. 면접 당일에는 30분 전에 도착하자. 그래야 마음을 가라앉히고 면접에 임할 수 있다.

### ● 깔끔한 의상을 준비하고, 지참물은 미리 챙겨라

면접 때 입을 의상과 면접에 필요한 수험표, 주민등록증, 제출서류, 자기소개서 사본, 필기도구 등은 전날 꼭 챙겨놓아야 한다.

### ● 지원한 회사에 대한 정보를 확인해 봐라

지원한 회사의 대표자 이름, 경영이념, 연혁, 업종, 대표 상품, 지원부서의 주요 업무와 비전은 미리 알아두도록 한다. 그리고 지원회사가 자신의 전공과 일치할 경우 동종업계와 비교해 장

단점과 그 개선 방안을 준비하는 것이 좋다.

### ● 자기소개서와 입사지원서의 내용을 숙지하라

면접 때 면접관이 물어볼 내용은 자기소개서와 입사지원서 안에 거의 담겨 있다. 반드시 읽어보고 면접에 임해야 한다. 지원회사의 여러 가지 강점을 부각시키고, 가장 입사하고 싶은 회사임을 드러내야 한다. 입사 후 업무태도나 자기계발에 대한 계획, 인생의 로드맵, 조직 내 자기의 역할 등을 정리해 둔다.

### ● 시사상식과 신문이슈를 공부하라

면접에 앞서 신문과 방송을 유심히 보며 주요 시사용어나 최근 이슈에 대해 공부해 둔다.

SUCCESS STORY

# 선택과 집중을 하라

하정원(한양대학교 정보사회학과)

나는 한양대학교 정보사회학과를 졸업했고, 토익 800점, 오픽 IM등급이다. 프랑스국제워크캠프에 참가했고, 한양대학교 창의인재교육원 신입생 멘토링 프로그램에도 참가했다. 서치펌에서 인턴으로 일한 경험이 있다.

취업시장에서 상대적으로 열세인 사회학이라는 전공은 인문학으로 구분돼 생각보다 제약이 많았다. 기업의 입장에서는 반기업 성향의 이념 학문으로 보일 수 있기 때문이다. 또래 친구들이 으레 취업 스펙 향상을 위해 어학연수를 떠날 때, 한쪽으로 치우친 사고보다는 객관적이고 넓은 시각을 갖기 위해 대학생 대안 경제캠프, 국제워크캠프 활동 등 다양한 경험을 했다. 상대적으로 뒤처질 수 있는 어학 실력은 국제워크캠프 활동을 통해 보완했다. 귀국한 뒤에도 영어회화 스터디를 통해 영어와 멀어지지 않도록 노력했다.

취업스터디 모임에서는 시사문제와 최근 이슈를 다루며 토론했고, PT면접 준비를 하며 발표력을 향상시켰다. 또 다양한 형태의 모의 면접을 실시해 실제 면접에서 당황하지 않도록 준비했다.

1차 면접 때는 덜했지만 2차 면접에서는 처음부터 끝까지 긴장을 놓을 수가 없었다. 전공과 학점에 대한 약점을 적나라하게 지적받았을 때, 감추고 싶은 점을 들켰다는 생각에 우물쭈물했다. 내 약점을 인정하고 그 약점을 다른 장점으로 극복하겠다는 강한 의지를 보였더라면 하는 아쉬움이 남는다. 누구에게나 약점은 있다. 그것을 어떻게 극복하느냐가 중요하다. 이는 비단 취업뿐 아니라 세상을 살아가면서 약점을 인정하고 극복하는 의지를 보여주는 자세는 본인에게 분명 플러스 요인이 될 것이다.

지금은 1,2차 면접이라는 산을 넘어 입사에 성공해 인사팀에서 일을 하고 있다. 현재 채용업무를 담당하고 있는 나는 아이러니하게도 불과 3개월 전 정반대의 자리에서 지원서를 쓰고 발표를 초조하게 기다리는 취업 준비생이었다. 지금 취업을 준비하고 있는 모든 사람이 나처럼 언젠가는 준비생이 아닌 직장인이 될 것이다. 너무 조급해 하지 말고 성실하게 준비한다면 좋은 결과를 얻을 수 있다.

## ● 취업 준비하는 후배들을 위한 조언

중요한 것은 선택과 집중이다. 사람이 모든 것을 잘할 수는 없다. 기업 입장에서도 모든 것을 대충 잘하는 인재보다는 한 가지라도 확실하게 해낼 수 있는 인재를 원한다. 때문에 글과 말로 자신을 좋은 인재라고 포장하기는 쉽지만, 행동이 따르지 않는다면 좋은 결과를 얻기 힘들다는 걸 명심해야 한다. 취업 과정에서 자신이 선택한 직무에 대한 깊은 관심을 갖고, 이를 위해 얼마나 열정적으로 노력했는지 실질적으로 보여줘야 하는 것이다.

그룹사별 채용전략 | 각 기업별 인·적성검사 | 다양한 면접 방식과 대처 요령 | 기업이 선호하는 인재 vs 싫어하는 인재 | 업종에 따른 선호하는 인재상 | IT업계 취업은 정보전이다 | 금융권 취업은 면접이 결정한다 | 영업직 지원을 위한 공략법 | 면접관을 사로잡는 비법 | 취업 준비를 위해 꼭 알아야 할 포인트

# 46 그룹사별 채용전략



2011년 하반기는 지난해와 비교해 소폭 나아질 전망이다. 건설과 금융업종을 중심으로 일자리가 늘고 있고 채용규모가 큰 전기·전자업종도 대규모 인력채용을 계획하고 있어 지난해 하반기를 웃도는 수준으로 채용이 이루어질 전망이라고 한다. 각 그룹사별 채용전략을 간단히 살펴보도록 하자.

## ● 삼성그룹

삼성그룹은 2011년 고졸 및 대졸 사원 2,500명을 채용할 예정이다. 이는 작년보다 11% 많은 수준이다. 주목해야 할 사항은 삼성전자에서는 2009년 하반기부터 처음으로 실시된 '실무형 신입사원 채용제도'로 선발하는 신입사원 비중을 40%까지 늘리는 방안을 검토 중이다. 이 제도는 우수한 인턴에 대해 면접을 거쳐 정규직으로 채용하는 프로그램이다. 삼성전자에 입사를 희망하는 구직자라면 인턴십에 적극적으로 참여하는 것이 좋다. 이번 해 인턴 사원은 지난해에 비해 1,000명 늘어난 4,000명을 선발할 예정이다.

삼성은 특히 해당 계열사별로 지원 횟수를 3회로 제한하고 있는 만큼 지원시 목표를 확실히 정하고 전략을 면밀히 짜야 한다. 서류전형은 면접전형에서의 압박 면접으로 이어질 수 있다는 점을 감안해 작성해야 한다. 예를 들어 삼성전자 기준으로 보면 자기소개서의 항목이 자기소개 400자를 비롯, 장점 200자, 보완점 200자, 지원동기 및 포부 500자로 구성되는데 다른 기업보다 극히 적은 글자 수로 기술해야 하기 때문에 더욱 압축적으로 기술해야 한다. 여기서는 특히 불필요한 것을 줄이는 삼성만의 조직 문화를 고려해 미사여구나 중복된 문구, 추상적인 표현은 삼가하고 핵심 내용만 쓰는 게 필요하다.

* **채용절차** : 서류전형-삼성직무적성검사-인성면접(기본인성 및 적응성을 개별 질문을 통해 중점 평가 : 1인 10~20분)-프레젠테이션 면접(직군별 기본 실무 능력 및 활용 가능성을 중점 평가 : 1인 10~20분)-집단 토론 (직군별로 전문성이 있는 주제에 대해 응시자 간에 서로 의견을 나누고 논리력, 설득력, 의사소통 능력 등을 종합적으로 평가 : 4~6인 1조, 40분)

## ● LG그룹

LG그룹은 채용절차가 서류전형, 면접전형, 신체검사 순이지만
계열사별로 조금씩 다르다. LG전자는 서류전형 합격자를 대상
으로 직무적성검사 RPST<sub>Right People Selection Test</sub> 응시 기회가 주어
진다. 이는 LG전자의 인재상과 적합성을 알아보기 위한 평가다.
한 시간에 90문항 정도를 풀어야 한다. 면접은 1차 직무 면접과
2차 인성 면접의 2단계로 진행된다. 직무 면접은 '비즈니스 스
킬' 평가와 '영어 면접'으로 이루어진다. 비즈니스 스킬은 직무
프레젠테이션과 그룹토의, 문서처리 시뮬레이션 등의 평가로 진
행한다.

  *** 채용절차** : 서류전형-직무적성검사 RPST-최종 서류전형-1차 면접(직무
  프레젠테이션, 영어 면접)-2차 면접(임원 면접, 한 명 당 30분~1시간)


## ● CJ그룹

지난해부터 채용 상 변경된 것은 인적성 검사다. 기존의
BJI<sub>Business Judgment Inventory</sub>를 폐지하고 CAT<sub>Cognitive Ability Test</sub>와
CJAT<sub>CJ Aptitude Test</sub>로 구성된 'CJ종합적성검사'를 실시하고 있다.
이는 CJ그룹 가치관인 열정 · 창의 · 정직을 담은 'CJ Way'를 반
영하기 위해서다. 인지능력을 평가하는 CAT와 인성을 평가하는
CJAT를 통해 다방면으로 균형 잡힌 인재를 선별하겠다는 의도로
보인다.

CJ그룹의 채용절차는 서류전형-CJ종합적성검사-임원검사(집단토론)-역량 면접 순이다. CJ는 직원 채용 시 역량 면접을 중시한다. 두 명의 부장급 면접관들이 한 명의 지원자를 대상으로 한 시간에 걸쳐 면접을 진행한다. 이때 지원자의 과거 경험이나 경력을 바탕으로 다양한 질문을 한다.

> * **채용절차** : 서류전형-인지능력평가, BJI테스트-임원 면접(집단토론)-역량 면접

### ● 포스코

포스코는 면접 전형이 매우 까다로운 기업으로 유명하다. 서류전형 합격자를 대상으로 1박 2일의 합숙면접을 진행한다. 합숙면접에서는 최소 5번 이상의 면접이 이루어진다. 지식을 얼마나 갖고 있는지는 쉽게 평가할 수 있지만 알고 있는 지식을 어떻게 활용할 수 있는지를 알아보려면 시간이 좀더 필요하기 때문이다. 프레젠테이션 면접에서는 제시된 업무과제를 분석 및 발표, 질의응답하는 과정을 통해 업무수행 능력을 검토하고, 그룹토론에서는 조직적 업무역량을 살펴본다. 이어 인사담당자가 직무적합성을 검증하고 현업 전문위원(팀장급)이 전공지식을 평가한다. 마지막으로 사내 외국인 영어강사의 인터뷰가 이어진다.

> * **채용절차** : 서류전형-1단계 전형(기본자력 평가)-2단계 합숙전형-3단계 최종면접 전형(가치적합성 평가)

## ● SK그룹

SK그룹은 패기, 경영지식, 사교성, 건강 등을 갖춰야 할 기본 자질로 꼽고 있다. 서류전형을 통과하면 SK종합적성검사를 치르고 면접을 진행한다. 기존에 영어 필기시험을 폐지하고 구술시험 성적을 제출하게 하는 등 문제해결 능력과 실행력을 가진 인재를 선별하겠다는 계획이다.

SK텔레콤은 1박 2일 동안 면접을 본다. 면접관은 지원자 한 명 당 8~10시간을 관찰한다. 실제 업무를 모의 체험하는 '시뮬레이션 엑서사이즈' 게임, 놀이를 통해 협동심과 창의성 등을 평가하는 '액티비티 관찰 평가', 가벼운 토론 면접인 '캐주얼 인터뷰'가 특징이다. 이외에도 지원자의 과거 경험을 토대로 질문을 던져 미래의 성과를 예측하는 역량 면접과 비즈니스 사례를 풀어나가는 인터뷰도 시행한다.

 * **채용절차** : 서류전형–SK종합적성검사–면접

## ● 대한항공

항공업은 경쟁이 심하고 경영환경에 변화가 많은 업종이다. 따라서 적극적 · 진취적인 사고를 가진 인재를 필요로 한다. 대졸 공채는 일반직, 전산직, 항공기술직, 생산기술직 부문으로 나눠 모집한다. 입사 후 본사 또는 국내 외 지점에서 근무하게 된다. 기술직은 항공기 운영을 위한 기술지원, 정비지원 등 항공기 정비

분야에서 근무하게 된다. 응시자격은 지원분야 관련 학과 학사 이상 학위가 있어야 한다. 토익 750점 또는 텝스 630점 이상이어야 지원할 수 있다.



### ● KT

KT의 비전은 고객이 원하는 바를 이해하고 가치를 만들어 낸다는 의미의 '고객 혁신'이다. 이 비전을 달성하기 위해 '고객 가치를 창출하는 인재'를 찾는다. 고객 지향적 사고와 창의력, 실행력을 갖춘 열정, 신뢰가 덕목이다. KT는 서류전형에서 대외활동 경력이나 봉사 활동, 수상 경력 등을 종합적으로 평가한다.

실무진 면접은 직무역량평가(30분), 프레젠테이션(20분), 그룹토의(50분) 등으로 구성된다. 그 이후는 창의성 평가가 진행된다. 2009년 공채부터 도입했던 창의성 평가는 필기시험과 그룹 활동으로 구성된다. 필기시험은 10문항을 5분 내에 풀어야 하고 그룹 활동은 9명 또는 12명이 한 그룹이 되어 15분 동안 아이디어를 제시하고 다듬는 과정을 평가한다.

● **국민은행**

국민은행의 비전은 '아시아 금융을 선도하는 글로벌 뱅크'다. 이를 달성하기 위해 창의적인 사고, 행동으로 변화를 선도하는 인재, 고객가치를 향상시킬 수 있는 프로페셔널 금융인을 인재상으로 내세웠다. 국민은행만의 특이한 점이 있다면 우수 직원의 특성을 조사해 인·적성 검사와 면접 전형에 반영을 한다는 것이다. 우수 직원과 비슷한 성향을 가지고 있는 지원자는 좋은 평가를 받을 수 있다.

> * **채용절차** : 서류전형–1차 면접(프레젠테이션, 토론, 기본역량)–2차 면접
> (심층, 지원자 맞춤식 면접)

## 2011년 채용 트렌드

하루가 다르게 변모하는 채용시장을 제대로 파악하지 못한다면 취업은 물 건너간 것이나 다름없다. 취업포털 사이트 인쿠르트(www.incruit.com)에서 발표한 2011년 채용 트렌드를 통해 채용시장의 새로운 변화를 살펴보자.

### 1. 스펙은 지고 스토리가 뜬다!

너도나도 갖춘 스펙SPEC은 이제 진부하다. 구직자들의 스펙이 점점 상향평준화 되면서 과연 스펙이 실제 업무 능력과 관계가 있느냐는 자각이 일었다. 이른바 '스펙 무용론'이 점차 설득력을 얻는 가운데 여러 기업들이 스펙보다는 개개인의 특성에 집중하는 추세다.

실제로 삼성은 스펙을 기본적인 지원 요건으로만 활용한다. SK텔

레콤은 스펙을 블라인드 처리하고 자기소개서 위주로 평가한다. IBK투자증권은 서류전형 시 학력, 어학 점수, 사진 등의 스펙을 배제하고 자기소개서만으로 평가하겠다고 공개적으로 선언했다. 이와 같은 현 상황에 주목받고 있는 것은 '스토리'다. 즉, 다른 구직자와 자기 자신의 차별성을 명확히 드러내야 한다는 것이다. 자신의 역량과 경쟁력을 뚜렷하게 제시하고 이를 직접 겪은 이야기로 증명해야 한다.

## 2. 요즘은 내가 대세! 전기전자·정보통신

올해 가장 눈여겨보는 업종으로 꼽히는 분야는 '정보통신 등 IT계열'과 '전기전자' 분야다. 지난해 물류운수, 기계철강이 강세를 보인 것과는 차이를 보인다.

바야흐로 스마트폰 열풍이 거세지면서 앱App 개발, 콘텐츠 기획과 같은 스마트폰 관련 직종이 빛을 보기 시작했다. 실제로 삼성전자, LG전자 등 주요 대기업에서 대규모 인원 채용을 하겠다고 밝혔다. 인크루트에서 조사한 채용계획 결과를 보면 정보통신과 전기전자 업종이 전년에 비해 각각 24.8%, 8.9% 규모로 증가하는 추세를 보였다. 금융업은 여전히 구직자들에게 인기가 높아 지난해와 비슷한 규모로 채용이 이뤄질 계획이다. 또한 금융업 중 증권 부분은 최근 증시 호황에 힘입어 채용이 늘어날 전망이다.

## 3. 채용도 스마트하게! SNS 채용

인크루트 등 취업 포털에서 진행됐던 채용이 SNSSocial Network Services로 옮겨지고 있다. 삼성을 비롯한 CJ, SK, KT 등 많은 기업이 채용과 HR용 트위터를 개설해 구직자와 직접적인 소통을 하고 있다.

일부 기업들이 아예 공식 채용 커뮤니케이션을 SNS로 진행하면서 구직자들 역시 SNS 또는 스마트폰으로 보다 간편하게 인사담당자와 소통할 수 있게 됐다. 올해는 SNS를 활용하는 기업이 더욱 확대될 전망이다. 취업에 관한 정보가 여기저기에 넘쳐나는 요즘, 양질의 정보를 많이 수집해야 취업 성공의 가능성이 커지므로 SNS 활용도 역시 주목받고 있다.

인크루트는 온라인을 통해 기업 인사담당자, 해당 분야의 취업 선배와 인맥을 쌓고 보다 능동적으로 소통하는 게 필요하다고 밝혔다. 실제 인크루트의 조사에 따르면 기업 인사담당자의 5명 중 1명 꼴(19.5%)로 구직자의 SNS에 접속해봤다고 답했다.

### 4. 공채를 기다리기보다 인턴십으로 뚫는다!

이제 인턴십이 새로운 사원을 선발하기 위한 채용 과정으로 완전히 자리잡았다. 지난해 삼성은 인턴십을 중심으로 한 채용 시스템 '채용 2.0' 을 공개했다. 포스코는 신입 공채 대신 인턴십으로 신입사원을 뽑기도 했다.

지난해 인크루트의 "매출 500대 기업 인턴 채용 시장 결산"에 따르면 조사에 응한 318개 기업 중 질반에 가까운 47.8%(152개사)가 올해 인턴 채용을 실시했으며 이 중 39.1%가 자사의 인턴을 정규직으로 전환했다.

### 5. '신의 직장', '사람의 직장' 으로 변모하다

최근 구조조정으로 신규 채용 인원을 감소했던 공기업의 숨통이 트일 전망이다. 특히 에너지, 보건 의료 분야의 공공기관이 해외사업 진출 및 부대시설 확충으로 신규 인원이 대거 투입될 예정이다. 높은 연봉과 복리후생, 여기에 안정성까지 갖춰 '신의 직장' 으로 불렸던 예전과 다르게 잡세어링으로 초임이 축소되고 일자리도 늘어나 '사람의 직장' 이 된 셈이다.

# 47
# 각 기업별 인·적성검사



채용전형에서 학력과 연령제한을 폐지하고, 어학 성적을 요구하지 않는 기업들이 많아지면서 인·적성검사의 중요성이 높아졌다. 인·적성검사는 구직자의 조직 적응도와 직무 수행을 위한 기본 자질을 평가하는 시험이다.

삼성, 현대·기아차, LG, SK 등 주요 대기업들은 자체적으로 개발한 인·적성검사를 활용해 신입사원을 선발한다. 기업마다 조금씩 차이가 있지만 판단력, 추리력 등의 지적 능력과 개인의 행동성향 등을 평가하는 문항이 많다.

삼성그룹은 자체 개발한 인적성 검사인 SSAT<sub>Samsung Aptitude Test</sub>를 실시한다. 검사 유형에 따라 크게 기초능력<sub>Academic Intelligence</sub> 검사와 직무능력<sub>Practical Intelligence</sub> 검사로 구분된다. 또 시험 시간에 따라 파트 1, 2로 나뉜다. 파트 1은 기초능력 검사와 직무능력 검사의 직무상식 부문으로 구성돼 있고 파트 2는 직무능력 검사의 상황판단 부문과 인성 검사로 구성돼 있다.

기초능력 검사는 언어, 수리, 추리 등 3가지 분야에 걸쳐 총 100문항으로 구성돼 있으며 배점은 300점이다. 기초능력 검사를 통해 직무를 수행하는 데 기본적으로 갖추어야 할 지적 능력을 종합 파악한다. 직무능력 검사는 직무상식 능력, 상황판단 능력 등 총 75문항으로 구성돼 있으며 배점은 200점이다. 원활한 조직 생활과 비즈니스 활동을 하기 위해 필요한 업무처리 능력, 대인관계 및 사회생활을 하는 데 필요한 직무상식과 일반상식을 점검하는 용도다.

파트 2에서는 또 한 번의 직무능력 검사와 인성 검사가 실시된다. 실제 조직 생활에서 빈번하게 발생하는 업무와 관련된 여러 상황에 어떻게 대응하는지를 평가하는 상황판단 검사의 경우 배점이 가장 높은 분야로 알려져 있다. 삼성 내부에서 관리하는 정답을 알기가 어려워 준비하는 데 적잖은 어려움이 있다는 평이다.

인성 검사는 총 300문항으로 구성된 일반적인 인성 검사라고 보면 된다. "기업 내부의 비리를 외부에 외뢰해 밝혀내는 것은 옳은 일인가?" "삼성맨으로 불리면 자부심을 가지게 되는가?" 등의 문제가 나온다.

### ● 현대 · 기아자동차

현대 · 기아자동차그룹은 HKAT<sub>Hyundai Kia Aptitude Test</sub>라는 인 · 적성검사를 실시한다. 도전, 창의, 열정, 협력, 글로벌 마인드 등 기업의 인재상에 맞는 인재를 선발하는 것이 이 시험의 목적이다. 지각정확성, 언어유추력, 언어추리력, 공간지각력, 판단력, 응용계산력, 수 · 추리력, 창의력, 상황판단력 등 9개 영역으로 나뉘며 시험시간은 3시간 30분이다. 시간에 비해 문제의 수가 많으므로 시간 안배가 중요하다. 수 · 추리력 검사와 창의력 검사에서는 주관식 문제도 있다.

### ● LG

LG그룹은 계열사에 따라 서로 다른 인 · 적성검사를 활용한다. LG전자는 RPST로, 언어와 수리 능력 평가가 중심인 다른 기업의 인 · 적성검사와 달리 구직자의 성향을 묻는 문제가 많다. 승부근성, 실행력, 전문역량, 대인관계 등 4개 영역 14개 세부역량으로 지원자의 자질을 평가한다. 집에서도 시험에 응시할 수 있다는 것이 가장 큰 특징이다.

LG화학은 LG CAT<sub>LG Chem Aptitude Test</sub>로, 기초직무능력검사와 인성검사(45분)로 나뉜다. 기초직무능력검사에서는 언어, 수리, 추리, 공간지각, 판단분석력, 직무종합상식, 상황대처능력 등을 평가한다. 인성검사에서는 LG화학에 적합한 인재인지를 판별한다. 시험에 계열 구분이 없는 것이 특징이다.

## ● SK

SK는 2011년부터 새롭게 추가된 'SK종합적성검사 Ⅲ'를 시행하고 있다. SK종합적성검사는 SKMS<sub>SK Management System</sub>에 바탕을 둔다. 인간 위주의 경영 원칙과 패기, 경영 지식, 사교 자세, 가정관리 및 건강관리 등을 두루 평가하는 데 초점이 맞춰져 있다. 크게 적성검사와 인성 검사, 2010년에 추가된 Value 검사 등 3개 파트로 구성된다. 계열사에 따라 전공 기초 시험을 보는 곳도 있다.

종합적성검사 Ⅰ에서는 9가지 적성 요인을 평가한다. 언어논리, 공간지각, 언어유추 등이다. 종합적성검사 Ⅱ는 500문항으로 이뤄진 인성 검사다. 'SK인'이 기본적으로 갖추어야 할 필수 조건인 SKMS를 보유한 인재를 선별하는 과정이다. 주요 평가사항은 기본적인 인간성, 사회적응력, 사교성, 대인관계 등이며 SK그룹이 가장 중요시하는 패기와 경영지식, 가정 및 건강관리 여부(스트레스에 대한 저항력) 판단까지 포함된다. 종합적성검사 Ⅲ은 'Value 검사'라고 불린다. 이 검사는 개인의 인적 사항과 특징을 포함해 가정생활, 학교생활(수상, 봉사활동, 아르바이트, 체육 활동, 동아리 등)에 관한 내용을 다룬다. 검사지 유형별로 300~430문항이 주어지며 시행 초기인 만큼 향후 변동 가능성이 있다.

## ● 대한항공

1차 면접 합격자를 대상으로 실시하는 인·적성 검사다. 대한항공 특성에 맞는 인재를 선발하기 위한 평가다. 지각 정확성, 언어 유추력, 응용 계산력 등을 평가하는 지적 능력 부분과 주어진 자료에 대한 판단력 및 직무 상황 판단력을 평가하는 실무능력 부분, 그리고 인성검사로 구성돼 있다. 짧은 시간 동안 많은 문제를 풀어야 한다. 따라서 아는 문제부터 빨리 푸는게 유리하다.

## ● KT

적응성, 인성을 평가하고 입사 후 경력 개발에 활용하기 위해 실시한다. 직무에 적합한 인재를 선발하기 위한 인성 중심의 심리검사다. 자기관리 능력과 환경적응 능력, 감정 관리와 대인관계 능력, 스트레스 관리 능력을 측정한다.

SUCCESS STORY


# 차별성을 살리는 분야를 공부하라

이희열 (가명, 서울산업대학교 전자공학과)

나는 학점 4.3, 토익 760점을 받았고, 교내 물리 튜터tutor 4학기 활동을 했으며 군대에서는 간부를 맡았다.

전자공학을 전공한 공대생으로서 가장 중요한 것은 전공지식에 자신만의 창의성을 가미하여 설계하고 제작할 수 있는 능력이라고 생각했다. 그래서 전공 공부에 전념했고 매 학기 전액 장학금을 받으며 조기 졸업을 한 수 있었다. 비록 수상에는 실패했지만 다수의 교내 공모전 참가를 통해 이론을 실제에 접목해 보고 내게 어떤 부분이 부족하고 앞으로 어떤 부분을 보충해야 하는지 확인할 수 있었다.

면접에서 가장 중요한 것은 자신의 장점을 효과적으로 부각시키는 동시에 면접관의 질문 의도를 정확히 파악해 그에 맞게 자신의 의견을 당당하고 솔직하게 발표하는 것이다. 그래서 나의 장점을 간결하게 기술한 자기소개서를 준비하고, 면접 시 예상 질문들에 대한 답변이나 표정관리 등을 위해 거울을 보며 연습하는 방식으로 면접을 준비했다.

면접은 1회만 진행된다고 채용계획에 분명히 공고되어 있었으나 추가로 2차 면접을 봐야 한다는 통보를 받았다. 아직 합격의 기회가 남아 있는 것이 다행스럽긴 했지만 사장과 임원이 직접 주관하는 면접에 대한 부담감이 이루 말할 수 없이 컸다.

2차 면접 날, 사장의 허를 찌르는 날카로운 질문에 말까지 더듬거리고 횡설수설했다. 무턱대고 "열심히 하겠다", "자신 있으니 나를 믿어 달라"는 최후 발언만을 남기고 면접을 마친 터라 합격에 대한 희망을 버렸을 정도였다. 하지만 예상과는 다르게 합격 통보를 받은 순간 세상을 모두 얻은 느낌이었다. 면접 후 가장 아쉬웠던 점은 표현력이 부족해 면접관의 질문에 제대로 답변하지 못했다는 것이다. 면접에서 발표력과 표현력이 얼마나 중요한 요소인지 다시 한 번 절감했다.

● **취업 준비하는 후배들을 위한 조언**

요즘같이 취업하기 어렵고 취업 준비생들의 수준이 높을 때에는 남들과 비슷한 능력을 기르기 위해 노력하는 것보다는, 자기 적성에 맞고 차별성과 전문성을 확보할 수 있는 분야에 대해 공부하고 경험을 쌓는 것이 더 현명한 방법이다. 자신이 진출하고자 하는 분야에 종사하는 선배들의 현실적인 조언을 듣는 것도 큰 도움이 된다. 남들이 하니까 무작정 열심히 하는 것보다는 미리 전략을 세우고 이에 맞춰 준비하는 것이 더 효과적이다.

# 48
# 다양한 면접 방식과 대처 요령

가장 높은 곳에 올라 가려면 가장 낮은 곳부터 시작하라.
· 푸블릴리우스 시루스 ·

지원자의 '스펙'으로 볼 수 없는 숨겨진 부분들을 파악하기 위한 기업들의 움직임이 활발하다. 케이스 면접, 시뮬레이션 면접 등 다양한 면접 방식을 도입하고 면접을 강화하는 것도 서류를 통해 알 수 있는 기본자질 외에 지원자들의 새로운 강점을 찾아내기 위해서다.

## ● 개별 면접

여러 명의 면접관이 한 사람의 지원자를 상대로 집중 질문하는 방식이다. 질문이 다양해 사전에 지원분야 이외의 폭넓은 지식을 쌓은 응시자가 유리하다. 개인 면접은 시선 처리도 중요하다. 질문을 던진 면접관뿐 아니라 모든 면접관에게 대답한다는 자세로 응답해야 한다.

지원자 한 사람을 대상으로 진행되므로 깊이 있게 질문할 수 있고, 지원자의 신상과 자질에 대해서도 쉽게 파악할 수 있다. 그러나 기업 입장에서는 한 명씩 면접을 하기 때문에 시간이 많이 걸린다는 단점이 있다. 대기업의 마지막 면접이나 언론사와 중소기업처럼 소수의 인원을 선발할 때 자주 사용되는 방식이다.

● **그룹 면접**

여러 명의 면접관과 여러 명의 지원자가 질문과 대답을 주고받는 방식이다. 채용 인원이 많은 대기업들의 1차 면접 때 사용된다. 같은 질문을 여러 지원자에게 동일하게 던지기도 한다. 다른 지원자보다 세련된 답을 내놓는 게 유리하다. 또한 자신이 질문을 받지 않더라도 타인의 대답을 경청하는 태도도 중요하다. 지원 회사에 대한 질문에 막힘없이 대답한다는 것은 그만큼 입사의지가 강하다는 표현이므로 좋은 점수를 받을 수 있다.

그룹 면접은 지원자가 많을 경우 면접시간을 줄일 수 있고 지원자 간의 비교평가가 가능하다는 장점이 있다. 반면 앉는 순서에 따라 불이익을 당할 수도 있다. 또한 지원자들이 서로 비교되기 때문에 자신의 의견을 명확히 표현하여 다른 지원자들보다 훨씬 나은 인상을 심어줘야 한다. 그러나 남의 질문에 나서거나 돌

보이기 위해 지나친 행동을 하는 것은 삼가야 한다. 답변할 때는 면접관 전원에게 답변한다는 태도로 질문을 한 면접관 외의 다른 면접관에 대해서도 적당히 시선처리를 해야 한다. 그리고 다른 사람이 발언할 때 한눈을 파는 등 무관심한 태도를 삼가야 한다.

### ● 그룹토론 면접

사회자가 주제를 제시하고 5~8명의 지원자들이 토론하는 방식이다. 지원자 5~8명에게 특정한 주제를 주고 서로 토론하는 모습을 관찰한 뒤 발언 내용이나 태도 등에 점수를 매긴다. 한번에 지원자의 이해력, 협조성, 판단력, 표현력, 지식수준 등 종합적 경쟁력을 판단할 수 있어 면접자들이 가장 긴장하는 면접 방식이다. 그룹토론 면접의 특징은 그룹 안에서 개인의 능력 발휘와 업무 적합성 등을 판단하는 데 있다.

토론은 각 지원자의 지식, 경험, 의견을 나누고 문제 해결을 위해 모든 지원자가 협력해 나가는 지적 공동 작업이다. 따라서 그룹 전원이 협동하면서 토론을 심도 깊게 나누어야만 하다. 한 가지 결론이 있는 주제가 아니므로 자신을 돋보이기 위해 논리를 비약시킨다거나 시간을 오래 끄는 것은 바람직하지 않다. 타인의 의견을 경청하는 태도가 중요하다. 주제 내용에 자신이 없다면 자기주장을 펴기 전에 다른 지원자들의 주장을 들은 뒤 그 내용을 토대로 나름의 의견을 말하는 것이 무난하다.

## ● 프레젠테이션 면접

문제해결 능력을 관찰하는 데 중점을 둔 면접이다. 응시자의 의견이나 지식 경험 등을 토대로 주어진 주제에 대한 견해를 당당하게 밝히면 된다. 발표자의 태도나 목소리, 복장이 영향을 미칠 수 있다. 전문적 주제에 대해 5~10분 정도의 시간을 할당해 자신의 의견과 지식을 발표한다. 각 직무분야에서 요구하는 문제해결 능력, 전문성, 창의성, 기본 실무능력 등이 중점 평가항목이다. 실제로 발생 가능한 상황을 중심으로 자신의 의견을 발표하고 용어 선택에 주의해야 한다. 또한 무리한 주장은 삼가야 한다.

모든 사람이 바라보는 앞에서 발표해야 한다는 압박감을 누르는 훈련이 필요하다. 프레젠테이션을 효과적으로 이끌어가는 가장 좋은 방법은 도표나 그림 등을 활용해 이해하기 쉽게 접근하는 것이다. 시각적인 효과가 곁들여진다면 면접관들이 지원자의 논리를 더 쉽게 이해할 수 있다.

## ● 영어 면접

글로벌 시대이기 때문에 영어 점수보다는 실제로 활용할 수 있는 영어 능력을 더 알고 싶어한다. 그래서 국내 대기업과 외국계 기업들은 신입사원 채용 시 영어 면접을 중요시한다. 특히 외국계 무역업무처럼 외국인을 자주 접하는 기업에서는 영어 면접뿐 아니라 영어 프레젠테이션, 영어 토론까지도 실시한다. 면접관이

외국인인 경우 일반적으로 지원자와 일상적인 대화를 하면서 질
문을 이해하는 정도와 영어식 발상에 따른 표현력, 발음, 어휘 등
기본적인 영어회화 능력을 평가한다. 이 경우 관습이나 문화가
다르기 때문에 그들의 독특한 표현방식이나 예의범절에 유의해
야 한다.

　내국인이 영어 면접을 진행하는 경우에는 간단한 생활영어 능
력을 평가하는 경향이 강하다. 대개는 우리말로 대답한 내용을
영어로 바꿔서 다시 대답하라고 한다.

### ● 무자료 면접

면접관이 지원자의 출신지역, 학교, 전공, 성적 등 기초적인 참고
자료 없이 표준 질문서만으로 면접하는 방식이다. 일명 '블라인
드 면접'이다. 그러므로 선입견을 배제한, 객관적이고 공정한 평
가가 가능하다. 지원자는 자신의 장점을 최대한 보여줄 수 있도
록 준비해야 한다.

### ● 지원자 상호평가 면접

지원자들끼리 평가하는 방식이다. 조별로 별명, 취미, 특기 등 간
단한 자기소개를 적고 자유토론을 진행한 후 자신을 제외하고 함
께 근무하고 싶은 지원자를 순서대로 적어 제출한다. 기업에서는
보통 10% 정도 가산점을 준다.

● **압박 면접**

지원자의 약점을 공격하거나 돌발 질문을 던짐으로써 스트레스를 주는 면접 방식이다. 대부분 답이 없는 황당한 질문으로 지원자의 순발력을 평가한다. 압박 면접은 사전에 예고되지 않는다. 면접 도중에 불쑥 튀어나올 수 있으므로 언제든 마음의 준비를 하고 있어야 한다.

● **술자리 면접**

면접관이 지원자들과 술자리에서 대화를 나누며 진행하는 면접 방식이다. 음주예절은 물론 음주상태에서 나타나는 개인적인 성향을 파악하려는 의도다. 친화력 있는 모습을 보여야 하지만 그렇다고 긴장을 늦춰서도 안 된다. 일반적으로 용모, 태도, 표현능력, 사회성, 리더십, 잠재능력, 인성, 진취성, 협조성, 적극성 등 10개 항목에 대한 평가가 이뤄진다. 적극적이고 사회성이 뛰어난 지원자를 선발할 수 있는 장점이 있다.

술자리 예절에도 유의해야 하는데, 술을 권하거나 받을 때는 반드시 두 손으로 주거나 받아야 한다. 윗사람 앞에서 허리를 옆으로 돌려 술잔을 기울이는 것도 예의다. 술을 전혀 못 마시는 사람도 첫 잔만은 반드시 받아 마시는 척은 해야 한다.

## ● 이색 면접

**런닝머신 면접** | 지원자들이 30분 동안 러닝머신을 뛰고, 면접관들은 체력이 한계에 도달했을 때 그들이 어떻게 대처하는지 지켜보고 채점하는 방식이다.

**운동경기 면접** | 지원자들에게 축구나 야구 등의 경기를 시키고 평가하는 방식이다. 각자 맡은 포지션과 역할을 잘 수행하는지 살피고 공격성과 주도성, 협동심, 팀워크를 종합적으로 평가한다.

**합숙 면접** | 특정한 장소에서 1박 2일 또는 2박 3일 등의 기간을 정해 지원자들을 다양한 각도에서 평가하는 방식이다. 집단생활을 통해 리더십과 조직적응력, 협동심을 비롯해 개인의 특성을 평가할 수 있다. 지원자들은 밝은 분위기를 만들어 가면서 긴장을 늦추지 말아야 한다.

## 일반적인 면접 평가 구조

| | 개별 면접 | 집단토론 | PT 면접 |
|---|:---:|:---:|:---:|
| 기본인성 | ○ | | |
| 의사소통 능력 | | ○ | |
| 팀워크 | | ○ | |
| 문제해결 능력 | | | ○ |
| 기획력 | | | ○ |

## 2009년 채용 트렌드

- 면접 강화
- 학벌 중시 경향 약화
- 영어는 토익점수보다 스피킹 중시(영어 인터뷰 강화)
- 기업의 고유가치와 문화에 맞는 인재 선호
- 신입 선발보다는 유지 관리에 중점
- 계약직 채용 비중 증가
- 인턴제 도입 기업 증가
- 인재와 경험의 다양성 존중
- 산학연계 채용 확대
- 온라인 채용 확대

# 49
# 기업이 선호하는 인재 vs 싫어하는 인재

닭을 잡는 데 어째서 소를 잡는 큰 칼을 쓸 필요가 있겠는가.
일의 대소, 나라의 대소에 따라서
처리하는 인재도 적당하고 부적당한 자가 있다.
• 논어 •

과거와 비교해서 오늘날 기업들이 선호하는 인재상도 달라졌다. 각 기업의 인재상은 면접에서 평정 요소에 직·간접적으로 반영된다. 표현의 차이는 있지만 주요 기업들은 대체로 전문성을 갖추고, 변화를 주도할 수 있는 역량이 있으며, 도덕성과 인간적 매력을 지닌 인재를 높이 평가하고 있다.

● **기업들이 선호하는 인재의 유형**

- 기본적인 소양과 인격이 갖추어진 사람

- 정직하고 성실하며, 예의 바른 사람

- 인화, 단결, 협동의 자세를 가진 사람

- 긍정적으로 생각하고 적극적으로 실천하는 사람

- 창의성과 다양한 사고로 매사에 유연하게 대처하는 사람

- 실패를 두려워하지 않는 도전정신과 용기를 가진 사람

- 일은 과학적으로 분석하고 치밀한 계획을 세워 철저하게 처
  리하는 사람

- 글로벌 인재로서 국제 감각과 외국어 능력을 갖춘 사람

- 자신의 미래에 대한 뚜렷한 목표와 비전을 가진 사람

- 창조정신과 젊은 패기로 미래를 개척하는 사람

- 항상 문제의식을 갖고 발전을 모색하는 사람

- 조직의 발전과 자신의 성장을 동시에 이루어 나가는 공동체
  지향적 인간


● **기업이 싫어하는 인재의 유형**

- 자신의 주관이 없어 사람들 틈에 섞여 침묵하고 있는 사람

- 이기적이라 다른 사람과 어울리지 못하는 사람

- 시야가 좁아 나 이외에는 가족밖에 없는 사람

- 한 번의 실패로 어깨가 처지는 사람

- 결심이 3일 이상 가지 못하는 사람

- 자존심만 강할 뿐 그에 상응하는 능력이 없는 사람

- 가진 건 학점뿐인 단순한 수재

- 모든 일을 힘으로 밀어붙여 해결하려는 사람

- 아직도 코리언 타임Korean Time이 존재한다고 믿는 사람

- 내일은커녕 한치 앞도 내다보지 못하는 사람

- 입으로만 미래를 말하면서 자기계발을 전혀 못하는 사람

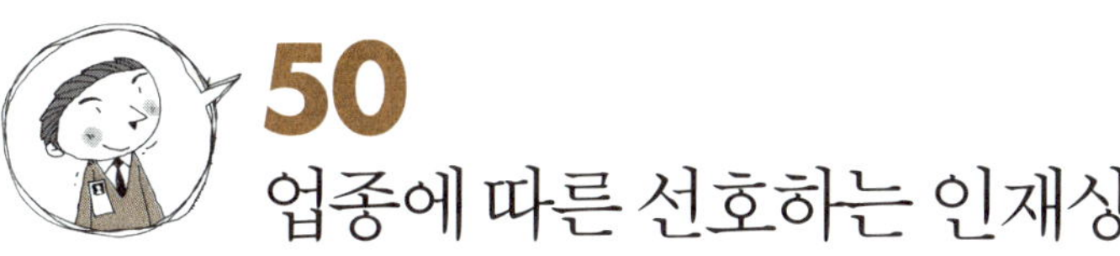

# 50
# 업종에 따른 선호하는 인재상

핵심인재를 선발하고 길러내는 것,
이것이 곧 기업의 경쟁력이다.
• 데이비드 코헨 •

아무리 스펙이 뛰어나도 기업의 업종에 맞지 않는 인재라면 인사담당자의 마음을 사로잡을 수 없다. 해당 기업에 지원하는 구직자는 기업의 인재상을 미리 파악하고 그 키워드에 맞춰 자기소개서를 작성하거나 면접을 준비해야 한다.

## ● 제조업

과거의 기계적 사고에서 벗어나 문제의식을 갖고 창의적 사고로 시장 변화에 유연하게 대처하고 적극적으로 현장 업무를 주도하면서 규정을 준수하고 조직에 기여하는 리더형 인재를 원한다.

## ● 전기/전자업

아이디어를 구체화할 수 있는 도전적이고 진취적이며 미래 지향
적인 인재상을 추구한다. 주로 연구직과 생산직 중심의 채용이
많은 편이므로 제품·기술에 무게를 두고 전문적인 역량을 가진
인재를 선호한다.


## ● 정보통신 등 IT업종

도전적이고 실험정신이 강하며 끊임없이 자기계발을 하는 사람
으로 컴퓨터 활용 능력과 글로벌 마케팅이 가능한 언어 능력을
갖춘 인재상을 추구한다.


## ● 금융업

목표의식이 명확하고 그 목표를 달성하기 위해 역할과 책임을 다
하면서, 관행에 안주하지 않고 고도의 금융기법이나 새로운 상품
에 대한 전문성을 발휘하는 인재를 찾는다. 고개과 직접 마주하는
업무가 많다 보니 말씨와 표정이 부드럽고 둥글둥글한 성품을 선
호한다. 적극적이고 능동적인 인재를 선호하는 금융권은 나이와
토익성적 제한을 폐지했다.


## ● 이동통신업

제품, 시장 등 변화가 가장 심한 업종이다. 때문에 긍정적이며 열

린 마인드를 가지고 있고, 상황변화에 대한 유연성과 적응능력을 가진 인재를 중시한다.

### ● 외식업

외식업 특성상 학력과 성별, 나이에 제한이나 차별은 없다. 목표 달성 능력과 성취 욕구가 강한 인재를 찾는다. 고객 지향적이고, 고객에 대한 서비스 마인드를 갖고 올바른 인성과 봉사에 대한 남다른 가치관이 있는 인재를 선호한다.

### ● 유통/인터넷 쇼핑업

유통업은 소비고객을 상대하는 업무 특성상 사고력과 적응력을 요구한다. 홈쇼핑과 인터넷 업종은 조직력과 인터넷 능력 등의 역량을 가지고 있으며, 능동적으로 업무를 주도하는 사업가형 인재를 선호한다. 또한 트렌드를 이끌어가는 업종인 만큼 혁신과 문화에 대한 관심을 가진 인재를 찾는다.

### ● 건설업

전공지식을 기반으로 전문성과 현장적응력이 뛰어나고, 협력업체를 이끌 수 있는 리더십이 뛰어난 인재를 찾는다. 또한 원가절감 마인드가 있고, 건설현장이 중요한 만큼 현장을 아우르는 협동심과 팀워크를 갖춘 인재를 선호한다.

## ● 항공/운수업

고객을 직접 상대하는 서비스 업종인 만큼 부드럽고 온화한 이미지 예의 바른 자세, 말투, 고운 목소리, 고객 중심 마인드를 가진 봉사정신이 투철한 인재를 원한다.


## ● 자동차업

자동차 업종은 세계시장이 무대이며 현지 공장도 많아 도전적이고 진취적인 글로벌 마케팅이 가능한 인재상을 추구한다. 따라서 국제 경쟁력을 위한 영어 능력과 교섭력을 갖춘 전문가형 인재를 선호한다.

# 마지막에 펀치를 날려라

전흥수(영남대학교 정보통신학과)

취업 스펙하면 바로 떠오르는 것 중의 하나가 토익이다. 내 토익 점수는 820점. 이 점수를 얻기 위해 아침 7시부터 밤 10시까지 식사시간과 기타 휴식시간을 제외한 하루 12시간 정도를 도서관에서 토익 공부에 매진했다. 그 결과 2개월 만에 이 점수를 얻을 수 있었다.

토익 점수가 820점에서 더 이상 점수가 오르지 않자 나는 자격증에 도전해 보기로 했다. 정보통신과를 다니면서 무선설비기사 자격증과 한자실력급수 3급을 취득했다. 한자를 공부하고 나니 여러모로 쓸모가 많았는데, 특히 대기업에서 실시하는 직무적성검사에 한자가 꼭 나오기 때문에 요긴하게 써먹을 수 있었다.

대학교 4학년 때부터 학교에서 지원하는 취업스터디에 가입해 1년 정도 활동했다. 취업스터디는 회원들끼리 모의 면접을 보면서 잘못된 습관이나 답변을 지적해 주는 형식이었다. 같이 취업을 준비하는 입장이어서 그런지 동지애를 많이 느꼈다.

면접을 보러 오라는 합격 메일이 온 직후 회사 홈페이지에 들어가 보기도 하고 여러 방향으로 검색을 했지만 면접 정보를 얻기는 쉽지 않았다. 그러나 생각해 보니 회사에 대한 정보도 필요하지만, 무엇보다 면접자 본연의 모습을 보여주는 것이 더 중요하게 여겨졌다.

면접 당일, 앞 조들의 면접이 끝나기까지 약 2시간을 기다렸고, 드디어 면접이 시작되었다. 예전 면접에서도 느꼈던 긴장감이 몰려왔다. 면접관에게 준비했던 자기소개를 하고 나자, "가족은 어떻게 되느냐?", "회사에 오면 어떤 일을 할 수 있겠느냐?" 등의 질문들이 이어졌다. 다행히 입이 얼어붙을 정도로 어려운 질문은 없었다. 면접관의 질문이 모두 끝나고 "수고하셨어요. 나가보세요"라는 말이 들렸다.

내 예상과는 달랐다. 마지막에 면접관이 "할 말 있으면 해보세요"라고 기회를 주면 준비해 둔 것이 있었는데 그런 말이 없었던 것이다. 순간 지금이 자신감을 표현할 수 있는 좋은 기회다 싶었다. 나는 자신 있게 오른손을 번쩍 들며 "제가 마지막으로 한마디 해도 되겠습니까?" 하고 큰소리로 외쳤다. 그리고 정장 안주머니에서 등록헌혈카드와 마라톤 완주 메달을 꺼낸 후 "저는 20킬로미터 마라톤 완주, 헌혈 봉사 40회 등 봉사성과 포기하지 않는 집념…" 하며 자신감 있는 어투로 내 자신을 펼쳐보였다.

면접장을 나오는데 옆의 한 면접자가 "당신이 마지막에 그 말을 했을 때, 면접관 모두 미소를 짓던데요"라는 말을 해주었다. 며칠 뒤 합격 연락을 받았는데, 마지막에 펼쳐보인 내 자신에 대한 PR이 가산점이 되지 않았나 싶다.

### ● 취업 준비하는 후배들을 위한 조언

'시작이 반이다'는 말이 있듯이 취업을 꼭 해야 한다는 마음가짐으로 취업문에 첫발을 디딘 순간 50%는 이루었다고 생각한다. 자기가 원하는 회사에 취업하기 위해 먼저 기본적인 자격요건을 갖춰야 한다. 너무 많은 회사에 지원하기보다는 선택적으로 지원하는 것이 필요하다. 원서를 쓰고 면접을 볼 때는 과하지 않는 수준에서 자신감, 냉철함, 열정을 보여주도록 하라.

# 51
# IT업계 취업은 정보전이다

주위의 모든 것이 정보력이며 가능성이다.
자신을 표현하고 개발할 수 있는 제일의 무기가
정보력의 강화라는 사실을 잊어서는 안 된다.
• 가사마끼 가쓰토시 •

IT기업들은 대부분 대기업과 달리 채용에 있어 그 절차나 방법이 틀에 고정되어 있지 않다. 특히 규모가 작거나 신생기업일수록 이런 성향이 강하므로 대졸 취업자의 경우 대기업 취업을 위한 접근법이 달라야 한다. 그러나 이 점을 잘 이용하면 오히려 대기업보다 훨씬 수월하게 취업문을 뚫을 수 있다.

### ● 취업은 정보력 경쟁

IT기업의 90% 이상은 인터넷을 통해 채용공고를 한다. 능력이 보장된 인맥을 통한 채용을 선호하고, 수시채용을 하는 기업들이 많다. 아르바이트나 인턴도 실무자 주변 인맥을 통해 채용하는 경향이 짙다. 그러므로 구직자들은 입사하고 싶은 기업의 인터넷 채용관이나 온라인 채용 사이트를 꾸준히 주시할 필요가 있다.

### ● IT업계 서류전형 기준은 토익 708짐 이상

잡코리아의 조사에 따르면, IT정보통신업계 22개의 기업 중 입사지원 시 토익점수 제한을 둔 곳은 27.3%, 지원 가능한 평균 토익점수는 708점이었다. 반면 72.7%의 기업은 영어 면접을 치렀다. 삼성네트웍스, SK C&C, SK텔레콤, NHN, LG CNS 등은 직무능력 등 필기시험이 있다.

### ● 정보통신 업종 경험을 쌓아두라

경력 무관인 경우가 많지만 지원 분야 관련 경력이 유효하다. 짧은 아르바이트나 6개월 이하의 경력도 쓸모가 있다.

### ● IT자격증이나 인증서는 필수

자격증이나 인증서는 지원자의 성실성과 준비성의 척도로도 평가된다. 비전공자의 경우 IT교육기관의 6개월 단기과정을 수강해 두는 것이 좋다.

# 52

# 금융권 취업은 면접이 결정한다



신입사원 공개채용 경쟁률이 어떤 은행의 경우 150대 1을 보이는 등 금융권 취업 열기가 뜨겁다. 철저한 면접 준비와 금융에 대한 관심과 열정으로 도전해 보자.

### ● 면접 준비에서 당락이 결정된다

금융권은 보통 필기시험 없이 면접으로 채용하기 때문에 자기소개서부터 정성을 쏟아야 한다. 면접관이 자기소개서를 보고 궁금해서 질문이 나오게 만들어라. 질문이 나오면 '예', '아니요' 단답형이 아닌, 구체적으로 부수적인 답변까지 하라. 자신의 학벌이나 스펙만 믿고 지원 회사에 대한 지식도 없이 '자신은 잘난 사람이니 뽑아라' 는 식의 지원자가 있다. 실제 지원자의 역량이 아무리 뛰어나도 회사에 대한 애정이 안 보이면 절대 뽑지 않는다.

### ● 금융에 대한 관심과 노력을 기울어라

지원자 중에 간혹 금융에 대한 기본 정보조차 모르고 응시하는 경우가 있다. 금융에 대한 추상적인 이론만 늘어놓지 말고 자신만의 구체적인 경험담을 말해라. 단순한 질문 하나에도 그 사람의 금융에 대한 관심, 가치관, 철학 등이 묻어나야 한다. 막연히 '연봉이 높을 것' 이라는 생각으로 금융권에 지원하는 것은 금물이다.

### ● 금융 관련 자격증을 준비하라

토익 950점보다는 토익 700점에 금융 관련 자격증이 하나 있는 것이 낫다. 금융권 입사를 위한 노력의 증거이기 때문이다.

### ● 열정을 보여라

금융권에서 가장 중요하게 여기는 자질이 '열정' 이다. 은행은 시스템이 잘 구축되어 있기 때문에 머리가 좋은 사람보다는 성실하게 노력하는 사람이 성공한다. 영어를 못하면 통역을 이용하면 된다. 하지만 열정이 없으면 어떤 일도 성사되지 않는다.

# 53
# 영업직 지원을 위한 공략법



영업직은 경기에 영향을 받지 않고 불황일 때 오히려 더 잘 나가는 직종이다. 대기업들은 불황 타개를 위해 실적이 좋은 영업사원에게 파격적인 인센티브를 주기도 한다. 또 영업직 경력은 향후 본인이 진정 원하는 직종을 찾을 때도 도움이 된다. 영업직 지원을 위해 알아야 할 공략법을 알아보자.

### ● 판매 상품에 대한 전문지식을 갖춰라

이제 영업직도 전문가 시대. 자신이 판매하는 상품에 대해 장단점은 물론, 전문지식을 갖춰 고객들에게 접근해야 살아남을 수 있다. 이는 면접에도 반영된다. 면접에 앞서 지원 회사에 대한 정보를 비롯해 회사 제품에 대한 정보를 A부터 Z까지 꼼꼼히 습득하고 더 나아가 경쟁사의 제품에 대한 비교 분석을 준비한다면 면접관에게 어필할 수 있다.


### ● 호감 가는 인상을 만들어라

영업직은 사람의 마음을 사로잡아야 한다. 그러므로 호감 가는 인상이 무척 중요하다. 면접에서도 말투나 표정, 제스처, 상대방을 대하는 태도 등을 눈여겨보는 만큼 이미지 관리가 필요하다. 본인의 인상이 날카롭거나 강한 편이라면 면접에서 무표정보다는 친근한 표정을 짓고, 적극적이면서도 신뢰감을 주도록 하라.


### ● 다양한 이색경력을 내세워라

영업직의 경우 전공 불문이기 때문이다. 다양한 경력을 내세우는 것이 유리하다. 업무경력이 없는 신입사원이라면 사회봉사나 자원봉사, 학교 또는 동아리 활동에서 본인의 역할과 경험을 강조하는 것이 좋다. 이력서와 자기소개서를 쓸 때도 자신의 경험과 함께 적극성을 드러내라.


### ● 커뮤니케이션 능력을 키워라

영업은 상대방을 설득해야 하므로 자신의 의견을 논리적으로 전달할 줄 알아야 한다. 평소에 신문, 시사잡지 등을 읽으며 논리력과 지식을 쌓아놓는 것도 중요하다. 사람 만나는 것을 좋아하는 지 본인의 성향을 미리 고려해 보는 것도 필요하다.

## ● 영업직이 요구하는 인재상에 맞춰라

승부근성, 도전정신, 사회활동, 영업에 대한 흥미 등이 평가항목이다. 면접에서 도전정신과 승부욕을 적절히 드러내는 것이 필요하다. 물론 성실한 이미지도 보여줘야 한다.

## ● 적성에 맞는지 철저히 따져라

영업직의 경우 실제 업무가 본인의 적성에 맞아야 눈에 띄는 성과를 낼 수 있다. 영업직의 필요조건을 꼼꼼히 따져보며 본인에게 맞는지 점검하고, 전략적으로 공략하는 것이 필요하다.

# 약점을 강점으로 극복하라

정혜윤 (경북대학교 전자전기컴퓨터학부)

내 스펙이라면 학점 3.13, 토익 865점, 오픽 IM등급에 한자급수자 격검정 2급과 워드프로세서 2급 자격증을 가진 정도였다. 타 회사 인턴이나 어학연수 경험도 없다.

하지만 나는 학부 전공 기획부장, 고등학교 동문회장을 맡아 리더십을 길렀고, KTF 모바일 퓨처리스트 활동을 하면서 전국에 있는 수백 명의 대학생들을 만나는 것과 동시에 각종 프로젝트에 참여해 실무 감각을 높였다. 필리핀 해외 봉사활동, 인도 글로벌 챌린저를 통해 글로벌 마인드도 키웠다.

외국어는 토익 점수를 높이기 위해서가 아니라 실질적으로 활용할 수 있는 영어실력을 갖추기 위해 노력했다. 어학연수를 다녀온 학생만큼 영어회화 실력을 높이겠다는 목표로 학교 어학당에 개설된 영어회화 수업을 1년 이상 수강했다. 그리고 토익 시험은 15개월

연속 응시했다. 외국어 시험 준비만을 위해 공부한 학생들과 비교하면 점수가 빨리 오르지 않았지만, 마침내 토익 점수와 오픽 등급 모두 만족할 만한 성적을 얻어냈다. 한자급수자격검정 2급은 군대에 있을 때 조금씩 한문을 공부해 취득했다.

나는 방학 때마다 학교 취업지원센터에서 주최하는 취업캠프와 모의면접캠프에 참여했다. 최신 면접소식을 접하고 상황에 맞게 모의 면접을 하며 실전 면접을 준비했다. 따로 면접 스터디는 하지 않고 시간 날 때마다 신문을 읽으면서 이런 상황이라면 어떻게 행동하고 말할까 고민하고 그 생각을 정리했던 것이 면접에 큰 도움이 되었다. 먼저 취업을 한 학교 선배들에게 연락해 자기소개서를 보여주고 즉석에서 질문을 받아 대답하는 연습도 했다. 각종 단체의 장을 맡으면서 공개석상에서 이야기를 할 기회가 많았는데, 그때마다 적절한 성량과 단어 선택으로 참가자들이 듣기 편하게 말하는 연습을 했던 것도 도움이 되었다.

실제 면접에서는 낮은 학점에 대한 질문을 많이 받았다. 구직 활동 초기에는 학점 관련 질문을 받으면 당황해서 준비한 대답도 잘하지 못했다. 이 때문인지 면접 결과도 좋지 않았다. 내 약점을 어떻게 강점으로 보완할 것인지 고민하며 새로 답변을 준비했다. "학교생활도 열심히 했지만 젊어서 고생은 사서도 한다는 말처럼 대외활동에 좀더 중점을 두고 생활하다 보니 학점이 낮은 편입니다"라고 말하면서 실제 전공지식 응용이 필요한 졸업 실습 프로젝트 등에서는 학교 전시회에서 금상을 수상하는 등 성과를 올렸다는 점을 강조했다. 그랬더니 낮은 학점은 더 이상 내 약점이 아니라 강점이 되었다.

## ● 취업 준비하는 후배들을 위한 조언

주위 친구나 후배들은 '무조건 취직만 되면 회사에서 시키는 일은 뭐든지 하겠다'는 말을 자주 한다. 경기가 좋지 않으니 어떻게든 취업만 하면 더 이상 바랄 것이 없다는 마음의 표현일 것이다. 하지만 회사를 위해 최선을 다하겠다는 태도는 인정할 수 있어도 신입사원에 지원하는 사람이 가져야 할 패기와 당당함은 잃지 않았으면 좋겠다. 수동적으로 회사가 뽑아주길 기다리지 말고 자신감을 바탕으로 나의 강점과 매력을 내보여 회사에서 뽑고 싶은 인재가 되길 바란다. '지피지기면 백전불태知彼知己 百戰不殆'라는 마음으로 준비하면 분명 좋은 결과가 있을 것이다.

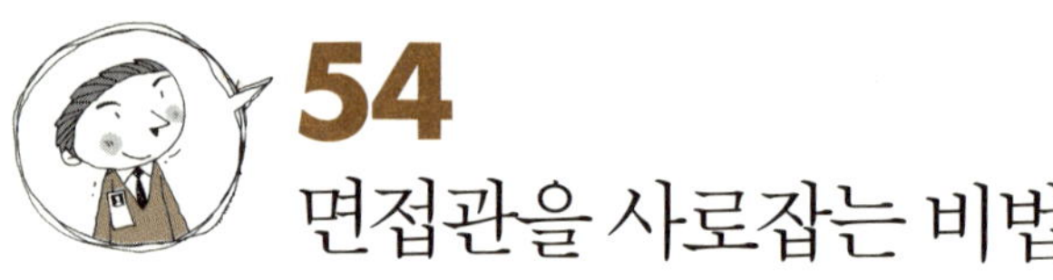

# 54
# 면접관을 사로잡는 비법

첫 만남에 당신을 매력적으로 어필할 수 있다면
그 인간관계는 성공한 것이다.
• 나이토 요시히토 •

한정된 시간에 면접관에게 보여지는 인상은 실력 못지않게 취업의 당락을 결정짓는 중요한 요인이다. 짧은 시간에 참신함과 열정을 최대한 발휘해 인사담당자에게 깊은 인상을 남긴 합격자들도 있지만, 지나친 행동이나 사소한 실수로 탈락의 고배를 마신 지원자들도 있다. 한 채용전문기업에서 조사한 결과에 따르면 인사담당자들은 호감이 가는 지원자일수록 면접을 오래하는 것으로 나타났다. 호감이 가는 지원자에 대해서는 30분에서 1시간 가량 면접을 진행하지만 비호감형 지원자의 경우에는 10~20분간만 면접을 본다고 한다.

그렇다면 첫 만남의 순간, 면접관을 사로잡기 위해서는 어떻

 하룻밤에 끝내는 **면접의 키포인트 55**

게 해야 할까?

## ● 지원한 기업을 철저히 분석하라

지원한 회사의 단점을 파악하고 나름의 해결방안까지 준비하면 금상첨화. 그만큼 그 회사에 관심이 있음을 보여주는 것이기 때문에 면접관들에게 강렬한 인상을 남길 수 있다.

## ● 어떤 질문에도 당황하지 마라

면접관은 일부러 공격적이거나 답변 곤란한 질문을 많이 한다.

그들이 원하는 것은 정답이 아니라 지원자의 긍정적이고 적극적인 태도다. 이때는 자기가 아는 것만 솔직하게 말하거나 재치 있게 대답하는 것이 중요하다.


### ● 어떤 분야에서 어떻게 일하고 싶은지 구체적으로 말해라

예컨대 "최고의 패션디자이너가 되기 위해 빗자루부터 잡았다. 앞으로는 어떻게 내 꿈을 펼치겠다"라고 말하면 좋은 평가를 받을 수 있다.


### ● 자기소개서 내용에 책임져라

자기소개서에 해외연수, 유학 등의 경험이 나와 있는데 영어를 한마디도 못하거나 취미가 노래, 춤, 마술인데 앞에서 보여주지 못하면 아무래도 감점이 된다. 능숙하게 못하더라도 당당하게 자신을 다 보여줄 수 있는 담력을 키워라.


### ● 다양한 경험을 쌓아라

학점만 높은 사람보다는 여행이나 봉사활동 경험이 풍부한 사람을 우선적으로 선발한다. 동아리 활동도 그 안에서 어떤 역할을 맡았는지가 중요하다.

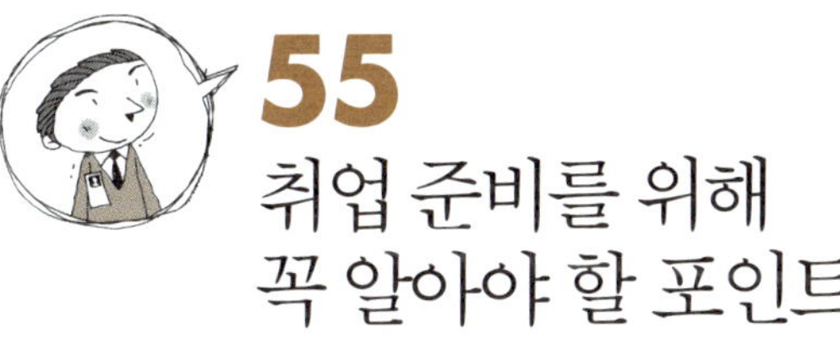

# 55
# 취업 준비를 위해
# 꼭 알아야 할 포인트

준비된 사람은 절대 비를 보고 우산을 준비하지않는다.
구름을 보고 우산을 준비한다.
• 작자 미상 •

취업난이 계속돼도 기업이 뽑고자 하는 인재상에 맞거나, 준비된 인재는 선택 받기 마련이다. 준비된 인재가 되는 첫번째 지름길은 정보를 선점하고 중장기적인 안목으로 맞춤준비를 해 나가는 것이다.

한 취업포털 사이트에 제시된 정보를 토대로 최근의 기업채용 흐름을 감안하여 취업 준비를 위해 꼭 알아둬야 할 포인트를 소개하면 다음과 같다.

### ● 취업 차선책으로 인턴십에 도전하라

2011년 이후 채용시장의 가장 큰 특징은 역시 인턴십 채용 증가다. 채용의 한 방식으로 인턴을 활용하려는 기업들의 움직임에 정부의 잡셰어링 정책이 가세해 정규직 채용이 악화일로를 걷는 것과는 반대로 인턴 채용만큼은 활발히 진행되는 분위기다.

물론 인턴십이 해당기업 정규직 취업으로 직접 연계되지 않는 것 때문에 논란이 빚어지기도 했지만 기업들도 점차 인턴을 정규직 채용으로 전환하기 위해 노력하고 있다. 그리고 직무만 일치한다면 인턴십을 했던 기업이 아니더라도 충분히 경력으로 인정받을 수 있으므로 인턴십에 관심을 가져야 한다.


● **건설 · 전기전자 · 정보통신 업종에 주목하라.**

경제 상황에 따라 원하는 기업의 채용이 늘거나 줄 수도 있기 때문에 업종별 등락을 부시할 수 없다. 2011년 하반기의 경우 건설과 금융업종, 정보통신의 일자리가 늘고 있는 반면 섬유 · 자동차 부문 일자리는 줄어들 것으로 집계됐다. 이는 지난해 하반기 채용규모인 1만 7,073명에 비해 고직 1.7% 증가한 수치이며, 올 상반기 채용규모보다는 57.9%의 큰 폭으로 증가한 수치다. 건설업종은 지난해 경기불황으로 채용규모를 대폭 줄였으나 올해 해외 건설 시장 수주와 4대강 사업 등으로 인해 채용시장에 긍정적인 영향을 미칠 것으로 전망되고 있다. 전기 전자 · 정보통신 업종도 올 신규 채용인원이 7,479명으로 가장 많아 관련분야 취업에 다소나마 숨통이 트일 것으로 보인다. 특히 스마트폰 인기로 소프

트웨어 등 관련분야 업종의 채용이 늘고 있는 추세다.

### ● 잡초형 인재가 뜬다.

기업들은 요즘 '잡초형' 인재나 '1박 2일형' '야생형' 인재를 선호하고 있다. 이들의 공통점은 학벌이나 토익 점수 등이 크게 뛰어나지 않아도 풍부한 경험과 현장 적응력 등을 갖췄다는 점이다. 최근 이러한 인재상이 부각되고 있는 것은 스펙이 뛰어난 '엘리트형'이나 '화초형' 인재들의 경우 조직 내에서 발생하는 스트레스를 견디지 못하거나 마음에 맞지 않는 일이 생기면 쉽게 회사를 떠나 결과적으로 회사에 피해를 주기 때문이다.

### ● 충성도와 애사심을 보여줘라

불황기를 거치면서 기업은 다른 때보다 '충성도'나 '애사심' 등 기본 덕목을 강조하고 있다. 어려울 때일수록 정서적인 결속력을 중요하게 여기고 '내 식구'라고 판단되면 더 단단히 챙기고자 하기 마련이다.

　게다가 경기침체기에는 채용에도 소극적일 수밖에 없는데, 이는 결국 한 명의 직원이 해야 할 몫이나 영향력이 더 커진다는 뜻이다. 때문에 어렵게 뽑아놓은 인재가 금방 퇴사하거나 조직에 적응 못하게 되지 않을지 유심히 살펴보게 된다. 어려운 시기일수록 회사에 대한 관심이나 열정이 더욱 중요하게 평가 받는 요소가 되는 것이다.

기업 정보를 얼마나 정확히 많이 아는지, 자신이 어느 정도로 해당 기업에서 일하고 싶은지가 입사지원서에서부터 면접에 이르기까지 끊임없이 드러나야 한다.

충성도나 애사심은 거창한 말로 남발하기보다는 회사에 대한 관심을 구체적인 사례를 통해 설명하거나 향후 회사에서 본인이 달성해 나갈 구체적인 비전을 제시하는 것이 좋다.

신입사원 채용은 결국 실력이 완성된 사람을 선발하는 것이 아니기 때문에, 실력은 비슷하게 평가 받는다. 따라서 기업에서 얼마나 오랫동안 열정적으로 일할 것인지가 당락을 판가름하는 큰 기준이 된다. 특히 경제상황이 어려울 때는 더더욱 그렇다.


● **목표설정은 하루라도 빨리 하라**

기업들이 결국 보고자 하는 것은 지원자가 입사 지원한 분야와 직무에 대해 얼마나 준비했느냐다. 이력서와 자기소개서를 가장 먼저 살펴보는 것 역시 얼마나 꾸준히 해당 직무를 위해 전략적으로 준비해 왔는지를 확인하는 절차인 셈이다.

하지만 준비를 하는 데는 시간이 필요하다. 기업들의 채용방식과 평가잣대가 다양해지고 있기 때문이다. 기업문화에 따라 어떤 직무에서는 인정 받는 인재가 다른 직무에서는 천덕꾸러기 취급을 받기도 하고, 여느 기업에서는 인정받는 지원자가 어떤 기업에선 비호감 지원자로 찍히기도 한다. 워낙 기업문화와 고유한 분위기가 천차만별이기 때문이다.

결국 목표 직무와 입사를 원하는 기업군을 미리 설정해 놓아야 준비를 충실하게 할 수 있다는 결론이다. 목표설정은 하루라도 빠를수록 좋다는 얘기다.

이미 취업에 성공한 선배들은 이런 직무나 목표기업 설정을 저학년 때 해두는 것이 좋다고 입을 모은다. 하지만 직무와 기업을 선택하는 것에 앞서 자신의 적성과 성향이 정말로 원하는 분야와 맞닿아 있는지 점검해 봐야 한다. 이를 알아보기 위해서는 인·적성검사를 활용하는 것도 도움이 된다.

무엇보다 실제로 경험을 해보는 것이 가장 좋다. 원하는 직무와 관련된 업체에서 아르바이트를 해보거나, 인턴십에 도전해 보는 것은 경력을 쌓는 데도 도움이 될 뿐 아니라, 자신의 적성과 일치하는지 확인할 수 있는 좋은 기회가 된다.

## ● 대기업, 영어말하기 시험 의무화

경기가 어려워져도 대기업들은 쉽게 채용을 줄이지 않는 경향이 있다. 게다가 정부의 잡셰어링 정책의 추진으로 최악의 상황이 예상되고 있는 2009년 하반기 취업에서도 대기업 채용은 크게 둔화되지 않았다. 때문에 원래 목표로 삼았던 대기업 준비를 전략적으로 한다면 중견기업, 중소기업보다는 훨씬 유리할 수 있다.

대기업 취업을 위해서는 영어말하기 시험을 빼 놓을 수 없다. 토익 스피킹 테스트, 오픽, 지텔프 스피킹 테스트GST 등의 영어말하기 시험은 예전에 토익처럼 의무적으로 제출하는 방식으로 점점 바뀌어 가고 있다.

실제 삼성그룹은 2009년부터 토익성적 제출을 완전히 폐지하고 영어말하기 성적인 토익스피킹 테스트와 오픽 제출을 의무화했다. 토익을 비롯한 일반적인 공인어학시험이 영어회화 능력을 온전히 평가하는 데 한계가 있다는 사실을 깨달은 기업들이 직접적인 영어회화 성적 평가에 나선 것이다. 삼성뿐 아니라 웬만한 대기업들도 이젠 영어말하기 시험을 준비하지 않으면 입사가 불가능하게 될 것이나.

### ● 입사 후 무엇을 할 것인지 고민하라

많은 지원자들에게는 당장 입사하는 것이 문제나. 하지만 무조건 입사하고 보자는 생각은 위험하다. 초조한 마음에 조건을 고려하지 않고 성급하게 취업했다가는 금방 그만두게 된다. 명확한 목표를 세운 다음 꼼꼼하게 준비하라. 입사해서 처음에 고작 복사나 심부름과 같은 단순한 업무만 하더라도 남다른 비전을 가지고 있다면, 열정적으로 도전해 볼 가치가 있다.

● **남들과 다른 능력을 키워라**

학벌이나 학점, 영어점수 등의 스펙이 높지 않으면 경쟁에서 뒤쳐질 것이라고 걱정하지 마라. 기업이 원하는 것은 앞으로의 가능성과 문제해결 능력이 있는 사람이다. 먼저 내가 하고 싶은 일을 하는 데 필요한 스펙을 키우는 것이 시행착오를 줄이는 방법이다. 내세울 스펙이 없으면, 어떤 구직자처럼 반쯤 불태운 자기소개서를 내면서 불타는 정열이 있다고 주장하고, 자기소개서에 맨발로 도장 찍은 뒤 맨발로 열심히 뛰겠다고 당당하게 보여줘라.

구직자들은 영어공부에 너무 많은 시간과 노력을 쏟고 있지만 현장 업무에서는 그다지 쓸모가 없다. 원어민처럼 잘하는 것이 아니라면 말이다. 그 시간에 인맥을 넓히기 위해 사람을 만나거나 숫자감각을 키우기 위해 회계학을 공부하는 것이 낫다.

● **아르바이트로 시작해도 사장을 꿈꿔라**

맹목적으로 대기업이나 이름난 직장만 찾는 것은 위험하다. 중소기업에서 시작하더라도 자신에게 맞는 직무를 할 기회가 있다면 일을 할만한 가치가 있다. 자신이 원하는 회사와 직무에 맞는 경험을 쌓는 게 중요하다. 아르바이트를 하더라도 사장을 꿈꿔라. 그런 자세와 마음가짐으로 일해야 비전이 있다.

# 회사는 현실과 맞닿아 있는 열정을 원한다

허종욱 (한밭대학교 전기공학과)

나는 지방 국립대를 나왔고 학점 3.4에 토익 940점을 받았다. 전기공사기사, 한자&컴퓨터활용 자격증이 있으며 해외 인턴십 및 어학연수 경험을 했다. 그래서인지 토익 점수를 쉽게 올릴 수 있었다. 배낭여행을 통해서는 도전의식과 자신감을 충전했다.

취업 스터티(밥터디)를 6명과 함께 했는데 정보 공유와 정신 단련에 큰 도움이 되었다. 군 제대 후 2학년 때부터 과 선배들에게서 취업에 관한 얘기를 들었던 덕분에 준비를 일찍 시작했다.

스터디 멤버들과 1주일에 한 번씩 모의 면접(전공, 상식, 인성, 토론)을 했다. 기본적인 예상 질문에 대한 답변은 모두 머릿속에 넣어두었다. 면접일이 정해지면 그 회사에 관한 모든 정보와 예상 질문을 스터디 멤버들과 공유하고 모의 면접을 실시했다. 그 덕분에 실제 면접에서 잘 대처할 수 있었다. 또한 내가 원하는 회사에 들어가

기까지 7번의 타 회사 면접을 통해 인성 면접에 대한 다양한 경험을 했다. 특히 외국계 기업 면접 스타일을 접할 기회도 있었다. 외국계 기업 면접은 지원자 혼자서 5명의 면접관과 함께 하는데, 장시간 많은 양의 질문을 통해 내 모든 것을 알아내려고 했다.

입사한 지 3개월이 지났다. 되돌아보면 면접 당시 내가 가진 열정을 보여줄 수 있는 표현력이 부족했던 것 같아 아쉬움이 남는다. 실제 일을 하면서 회사에서 원하는 열정이 어떤 것인지 지금은 알 수 있을 것 같다. 회사에서 진정으로 원하는 열정은 피상적인 것이 아니라 현실을 뛰어넘되 현실과 맞닿아 있어야 한다.

### ● 취업 준비하는 후배들을 위한 조언

대학교 저학년일 때 전공은 과 학회 동아리(랩실) 활동으로 준비하고, 모험과 도전을 위해 해외 배낭여행이나 어학연수 등 1년 이상 해외에서 거주하는 것도 도움이 된다. 또 등산과 마라톤 같은 운동과 취미와 봉사 활동 등 다양한 경험을 하기를 바란다. 고학년이 되면 스터디 활동 등으로 다양한 정보를 접하는 것이 필요하다. 토익 점수 올리기와 자격증 취득은 3학년까지 마치고 4학년 때는 좀더 여유롭게 취업 준비에 임하면 좋을 것이다. 입사하고 나면 즐길 수 있는 돈은 생기지만 여유 시간은 줄어든다. 때문에 취업하기 전 마음껏 배낭여행과 취미 활동을 하는 것은 비단 취업뿐 아니라 인생에도 큰 도움이 된다.

**하룻밤에 끝내는 면접의 키포인트 55**

초판 1쇄 발행 2009년 11월  4일
초판 4쇄 발행 2011년  8월 18일

지은이  이근면
펴낸이  연준혁

출판 9분사 편집장  배민수
편집  박혜진 임명진 우지현
제작  이재승 송현주

펴낸곳  (주)위즈덤하우스 | 출판등록  2000년 5월 23일 제13-1071호
주소  경기도 고양시 일산동구 장항동 846번지 센트럴프라자 609호
전화  031-936-4000 | 팩스  031-903-3891
홈페이지  www.wisdomhouse.co.kr
출력  플러스안 | 종이  화인페이퍼 | 인쇄 · 제본  현문인쇄

값 11,000원 ⓒ 이근면, 2009
ISBN 978-89-6086-214-2 13320

* 잘못된 책은 바꿔드립니다.
* 이 책의 전부 또는 일부 내용을 재사용하려면
  사전에 저작권자와 (주)위즈덤하우스의 동의를 받아야 합니다.

**국립중앙도서관 출판시도서목록(CIP)**

| |
|---|
| 하룻밤에 끝내는 면접의 키포인트 55 / 이근면 지음. –<br>고양 : 위즈덤하우스, 2009<br>p. ; cm |
| ISBN 978-89-6086-214-2 13320 : ₩11,000 |
| 면접(面接) |
| 325.337 = KCD4<br>658.31124-DDC21       CIP2009003281 |